개 역 개 정 · 신 약 성 경 쓰

10

베드로전서

베드로후서 | 요한1서 | 요한2서
요한3서 | 유다서 | 요한계시록

사랑하는 자들아
우리가 서로 사랑하자
사랑은 하나님께 속한 것이니
사랑하는 자마다
하나님으로부터 나서 하나님을 알고
사랑하지 아니하는 자는
하나님을 알지 못하나니
이는 하나님은 사랑이심이라
_요일 4:7~8_

레마북스
Rhema

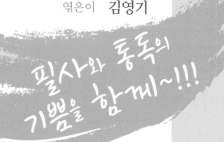

필사와 통독의
기쁨을 함께~!!!

레마북스 성경쓰기 시리즈 특징

부르심과 택하심

1

¹예수 그리스도의 종이며 사도인 시몬 베드로는
우리 하나님과 구주 예수 그리스도의 의를 힘입어
예수 그리스도의 종이며 사도인 시몬 베드로는
우리 하나님과 구주 예수 그리스도의 의를

동일하게 보배로운 믿음을
우리와 함께 받은 자들에게 편지하노니
동일하게 보배로운 믿음을
우리와 함께 받은 자들에게 편지하노니

²하나님과 우리 주 예수를 앎으로
은혜와 평강이 너희에게 더욱 많을지어다
하나님과 우리 주 예수를 앎으로
은혜와 평강이 너희에게 더욱 많을지어다

³그의 신기한 능력으로 생명과 경건에 속한 모든
우리에게 주셨으니 이는 자기의 영광과 덕으로
우리를 부르신 이를 앎으로 말미암음이라
그의 신기한 능력으로 생명과 경건에 속한 모든
우리에게 주셨으니 이는 자기의 영광과 덕으로써
우리를 부르신 이를 앎으로 말미암음이라

⁴이로써 그 보배롭고 지극히 큰 약속을 우리에게
이 약속으로 말미암아 너희가 정욕(情慾) 때문
이로써 그 보배롭고 지극히 큰 약속을 우리에게
이 약속으로 말미암아 너희가 정욕(情慾)때문에

★
먼저 눈으로 읽고,
의미를 되새기며~
나만의 색깔펜으로
따라 써보자!!

♥나의 나 된 것은
하나님의 은혜이니
항상 기뻐하고 감사하자~!!

★★
읽고 쓰다가..그때 그때
깨달은 말씀을~빈 공간에~
메모하면~나만의~
QT노트 완~성^^

★★★
한자를 따라쓰며
한자도 익히고~
뜻을 이해하여~
깊은 묵상하기~!!

개역개정·신약성경쓰기

10

베드로전서

그러므로
모든 육체는 풀과 같고
그 모든 영광은 풀과 같으니
풀은 마르고 꽃은 떨어지되
오직 주의 말씀은
세세토록 있도다 하였으니
너희에게 전한 복음이
곧 이 말씀이니라
_벧전 1:24,25_

레마북스
Rhema

인사

1

¹예수 그리스도의 사도 베드로는 본도, 갈라디아, 갑바도기아, 아시아와 비두니아에 흩어진 나그네

²곧 하나님 아버지의 미리 아심을 따라
성령이 거룩하게 하심으로 순종함과

예수 그리스도의 피 뿌림을 얻기 위하여
택하심을 받은 자들에게 편지하노니
은혜와 평강이 너희에게 더욱 많을지어다

산 소망

³우리 주 예수 그리스도의 아버지 하나님을 찬송하리로다
그의 많으신 긍휼대로 예수 그리스도를
죽은 자 가운데서 부활하게 하심으로 말미암아

우리를 거듭나게 하사 산 소망이 있게 하시며

4썩지 않고 더럽지 않고 쇠하지 아니하는 유업을 잇게 하시나니
곧 너희를 위하여 하늘에 간직(看直)하신 것이라

5너희는 말세에 나타내기로 예비하신 구원을 얻기 위하여
믿음으로 말미암아 하나님의 능력으로 보호하심을 받았느니라

6그러므로 너희가 이제 여러 가지 시험으로 말미암아
잠깐 근심하게 되지 않을 수 없으나
오히려 크게 기뻐하는도다

7너희 믿음의 확실함은 불로 연단하여도 없어질 금보다
더 귀하여 예수 그리스도께서 나타나실 때에
칭찬과 영광과 존귀를 얻게 할 것이니라

8예수를 너희가 보지 못하였으나 사랑하는도다

이제도 보지 못하나 믿고
말할 수 없는 영광스러운 즐거움으로 기뻐하니

⁹믿음의 결국 곧 영혼의 구원을 받음이라

¹⁰이 구원에 대하여는 너희에게 임할 은혜를 예언하던
선지자들이 연구하고 부지런히 살펴서

¹¹자기 속에 계신 그리스도의 영이
그 받으실 고난과 후에 받으실 영광을 미리 증언하여
누구를 또는 어떠한 때를 지시하시는지 상고하니라

¹²이 섬긴 바가 자기를 위한 것이 아니요
너희를 위한 것임이 계시로 알게 되었으니

이것은 하늘로부터 보내신 성령을 힘입어
복음을 전하는 자들로 이제 너희에게 알린 것이요

천사들도 살펴 보기를 원하는 것이니라

모든 행실에 거룩한 자가 되라

13 그러므로 너희 마음의 허리를 동이고 근신하여
예수 그리스도께서 나타나실 때에 너희에게 가져다 주실
은혜를 온전히 바랄지어다

14 너희가 순종하는 자식처럼 전에 알지 못할 때에 따르던
너희 사욕(私慾)을 본받지 말고

15 오직 너희를 부르신 거룩한 이처럼
너희도 모든 행실(行實)에 거룩한 자가 되라

16 기록되었으되 내가 거룩하니 너희도 거룩할지어다 하셨느니라

17 외모로 보시지 않고 각 사람의 행위대로
심판하시는 이를 너희가 아버지라 부른즉

너희가 나그네로 있을 때를 두려움으로 지내라

¹⁸너희가 알거니와 너희 조상이 물려 준
헛된 행실에서 대속함을 받은 것은
은이나 금 같이 없어질 것으로 된 것이 아니요

¹⁹오직 흠 없고 점 없는 어린 양 같은
그리스도의 보배로운 피로 된 것이니라

²⁰그는 창세 전부터 미리 알린 바 되신 이나
이 말세에 너희를 위하여 나타내신 바 되었으니

²¹너희는 그를 죽은 자 가운데서 살리시고
영광을 주신 하나님을 그리스도로 말미암아 믿는 자니
너희 믿음과 소망이 하나님께 있게 하셨느니라

²²너희가 진리를 순종함으로 너희 영혼을 깨끗하게 하여

거짓이 없이 형제를 사랑하기에 이르렀으니
마음으로 뜨겁게 서로 사랑하라

²³너희가 거듭난 것은 썩어질 씨로 된 것이 아니요
썩지 아니할 씨로 된 것이니
살아 있고 항상 있는 하나님의 말씀으로 되었느니라

²⁴그러므로 모든 육체는 풀과 같고
그 모든 영광은 풀의 꽃과 같으니
풀은 마르고 꽃은 떨어지되

²⁵오직 주의 말씀은 세세토록 있도다 하였으니
너희에게 전한 복음이 곧 이 말씀이니라

산 돌과 하나님의 백성

2 ¹그러므로 모든 악독과 모든 기만과

외식(外飾)과 시기와 모든 비방하는 말을 버리고

2갓난 아기들 같이 순전(純全)하고 신령한 젖을 사모하라
이는 그로 말미암아 너희로 구원에 이르도록
자라게 하려 함이라

3너희가 주의 인자하심을 맛보았으면 그리하라

4사람에게는 버린 바가 되었으나 하나님께는 택하심을 입은
보배로운 산 돌이신 예수께 나아가

5너희도 산 돌 같이 신령한 집으로 세워지고
예수 그리스도로 말미암아 하나님이 기쁘게 받으실
신령한 제사를 드릴 거룩한 제사장이 될지니라

6성경에 기록되었으되 보라
내가 택한 보배로운 모퉁잇돌을 시온에 두노니

그를 믿는 자는 부끄러움을 당하지 아니하리라 하였으니

7 그러므로 믿는 너희에게는 보배이나
믿지 아니하는 자에게는 건축자(建築者)들이 버린
그 돌이 모퉁이의 머릿돌이 되고

8 또한 부딪치는 돌과 걸려 넘어지게 하는 바위가
되었다 하였느니라

그들이 말씀을 순종하지 아니하므로 넘어지나니
이는 그들을 이렇게 정하신 것이라

9 그러나 너희는 택하신 족속이요 왕 같은 제사장들이요
거룩한 나라요 그의 소유가 된 백성이니

이는 너희를 어두운 데서 불러 내어
그의 기이한 빛에 들어가게 하신 이의

아름다운 덕을 선포하게 하려 하심이라

¹⁰너희가 전에는 백성이 아니더니 이제는 하나님의 백성이요
전에는 긍휼을 얻지 못하였더니 이제는 긍휼을 얻은 자니라

하나님의 종과 같이 하라

¹¹사랑하는 자들아 거류민과 나그네 같은 너희를 권하노니
영혼을 거슬러 싸우는 육체의 정욕을 제어하라

¹²너희가 이방인 중에서 행실을 선하게 가져
너희를 악행한다고 비방하는 자들로 하여금

너희 선한 일을 보고 오시는 날에
하나님께 영광을 돌리게 하려 함이라

¹³인간의 모든 제도를 주를 위하여 순종(順從)하되
혹은 위에 있는 왕이나

¹⁴혹은 그가 악행하는 자를 징벌하고
선행하는 자를 포상하기 위하여 보낸 총독에게 하라

¹⁵곧 선행으로 어리석은 사람들의 무식한 말을 막으시는 것이라

¹⁶너희는 자유가 있으나 그 자유로 악을 가리는 데 쓰지 말고
오직 하나님의 종과 같이 하라

¹⁷뭇 사람을 공경하며 형제를 사랑하며
하나님을 두려워하며 왕을 존대하라

그리스도의 고난
¹⁸사환들아 범사에 두려워함으로 주인들에게 순종하되
선하고 관용하는 자들에게만 아니라
또한 까다로운 자들에게도 그리하라

¹⁹부당하게 고난을 받아도 하나님을 생각함으로

슬픔을 참으면 이는 아름다우나

²⁰죄가 있어 매를 맞고 참으면 무슨 칭찬이 있으리요
그러나 선을 행함으로 고난을 받고 참으면
이는 하나님 앞에 아름다우니라

²¹이를 위하여 너희가 부르심을 받았으니
그리스도도 너희를 위하여 고난을 받으사
너희에게 본을 끼쳐 그 자취를 따라오게 하려 하셨느니라

²²그는 죄를 범하지 아니하시고 그 입에 거짓도 없으시며

²³욕을 당하시되 맞대어 욕하지 아니하시고
고난을 당하시되 위협하지 아니하시고
오직 공의로 심판하시는 이에게 부탁하시며

²⁴친히 나무에 달려 그 몸으로 우리 죄를 담당하셨으니

이는 우리로 죄에 대하여 죽고
의에 대하여 살게 하려 하심이라
그가 채찍에 맞음으로 너희는 나음을 얻었나니

²⁵너희가 전에는 양과 같이 길을 잃었더니
이제는 너희 영혼의 목자와 감독 되신 이에게 돌아왔느니라

아내와 남편

3 ¹아내들아 이와 같이 자기 남편에게 순종하라
이는 혹 말씀을 순종하지 않는 자라도

말로 말미암지 않고 그 아내의 행실로 말미암아
구원을 받게 하려 함이니

²너희의 두려워하며 정결한 행실을 봄이라

³너희의 단장(丹粧)은 머리를 꾸미고 금을 차고

아름다운 옷을 입는 외모로 하지 말고

4 오직 마음에 숨은 사람을
온유하고 안정한 심령의 썩지 아니할 것으로 하라
이는 하나님 앞에 값진 것이니라

5 전에 하나님께 소망을 두었던 거룩한 부녀들도
이와 같이 자기 남편에게 순종함으로 자기를 단장하였나니

6 사라가 아브라함을 주라 칭하여 순종한 것 같이
너희는 선을 행하고 아무 두려운 일에도 놀라지 아니하면
그의 딸이 된 것이니라

7 남편들아 이와 같이 지식을 따라
너희 아내와 동거하고 그를 더 연약한 그릇이요
또 생명의 은혜를 함께 이어받을 자로 알아 귀히 여기라

이는 너희 기도가 막히지 아니하게 하려 함이라

선을 위한 고난

[8]마지막으로 말하노니 너희가 다 마음을 같이하여 동정하며
형제를 사랑하며 불쌍히 여기며 겸손하며

[9]악을 악으로, 욕을 욕으로 갚지 말고 도리어 복을 빌라
이를 위하여 너희가 부르심을 받았으니
이는 복을 이어받게 하려 하심이라

[10]그러므로 생명을 사랑하고 좋은 날 보기를 원하는 자는
혀를 금하여 악한 말을 그치며 그 입술로 거짓을 말하지 말고

[11]악에서 떠나 선을 행하고 화평을 구하며 그것을 따르라

[12]주의 눈은 의인을 향하시고
그의 귀는 의인의 간구에 기울이시되

주의 얼굴은 악행하는 자들을 대하시느니라 하였느니라

13 또 너희가 열심으로 선을 행하면 누가 너희를 해하리요

14 그러나 의를 위하여 고난을 받으면 복 있는 자니
그들이 두려워하는 것을 두려워하지 말며 근심하지 말고

15 너희 마음에 그리스도를 주로 삼아 거룩하게 하고
너희 속에 있는 소망에 관한 이유를 묻는 자에게는
대답할 것을 항상 준비하되 온유와 두려움으로 하고

16 선한 양심을 가지라 이는 그리스도 안에 있는
너희의 선행을 욕하는 자들로 그 비방하는 일에
부끄러움을 당하게 하려 함이라

17 선을 행함으로 고난 받는 것이 하나님의 뜻일진대
악을 행함으로 고난 받는 것보다 나으니라

¹⁸그리스도께서도 단번에 죄를 위하여 죽으사
의인으로서 불의한 자를 대신하셨으니

이는 우리를 하나님 앞으로 인도하려 하심이라
육체로는 죽임을 당하시고 영으로는 살리심을 받으셨으니

¹⁹그가 또한 영으로 가서 옥에 있는 영들에게 선포하시니라

²⁰그들은 전에 노아의 날 방주를 준비할 동안
하나님이 오래 참고 기다리실 때에
복종하지 아니하던 자들이라

방주에서 물로 말미암아 구원을 얻은 자가
몇 명뿐이니 겨우 여덟 명이라

²¹물은 예수 그리스도께서 부활(復活)하심으로 말미암아
이제 너희를 구원하는 표니 곧 세례라

이는 육체의 더러운 것을 제하여 버림이 아니요
하나님을 향한 선한 양심의 간구니라

²²그는 하늘에 오르사 하나님 우편에 계시니
천사들과 권세들과 능력들이 그에게 복종하느니라

하나님의 은혜를 맡은 선한 청지기

4 ¹그리스도께서 이미 육체의 고난을 받으셨으니
너희도 같은 마음으로 갑옷을 삼으라
이는 육체의 고난을 받은 자는 죄를 그쳤음이니

²그 후로는 다시 사람의 정욕을 따르지 않고
하나님의 뜻을 따라 육체의 남은 때를 살게 하려 함이라

³너희가 음란과 정욕과 술취함과 방탕과 향락과
무법한 우상 숭배를 하여 이방인의 뜻을 따라 행한 것은

지나간 때로 족하도다

4 이러므로 너희가 그들과 함께 그런 극한 방탕에
달음질하지 아니하는 것을 그들이 이상히 여겨 비방하나

5 그들이 산 자와 죽은 자를 심판하기로 예비하신 이에게
사실(事實)대로 고하리라

6 이를 위하여 죽은 자들에게도 복음이 전파되었으니
이는 육체로는 사람으로 심판을 받으나
영으로는 하나님을 따라 살게 하려 함이라

7 만물의 마지막이 가까이 왔으니
그러므로 너희는 정신을 차리고 근신하여 기도하라

8 무엇보다도 뜨겁게 서로 사랑할지니
사랑은 허다한 죄를 덮느니라

⁹서로 대접하기를 원망 없이 하고

¹⁰각각 은사를 받은 대로 하나님의 여러 가지 은혜를 맡은
선한 청지기 같이 서로 봉사하라

¹¹만일 누가 말하려면 하나님의 말씀을 하는 것 같이 하고
누가 봉사하려면 하나님이 공급(供給)하시는 힘으로
하는 것 같이 하라

이는 범사에 예수 그리스도로 말미암아
하나님이 영광을 받으시게 하려 함이니
그에게 영광과 권능이 세세에 무궁하도록 있느니라 아멘

그리스도인이 받을 고난
¹²사랑하는 자들아 너희를 연단하려고 오는 불 시험을
이상한 일 당하는 것 같이 이상히 여기지 말고

13 오히려 너희가 그리스도의 고난에 참여하는 것으로
즐거워하라 이는 그의 영광을 나타내실 때에
너희로 즐거워하고 기뻐하게 하려 함이라

14 너희가 그리스도의 이름으로 치욕을 당하면 복 있는 자로다
영광의 영 곧 하나님의 영이 너희 위에 계심이라

15 너희 중에 누구든지 살인이나 도둑질이나 악행이나
남의 일을 간섭하는 자로 고난을 받지 말려니와

16 만일 그리스도인으로 고난을 받으면 부끄러워하지 말고
도리어 그 이름으로 하나님께 영광을 돌리라

17 하나님의 집에서 심판을 시작할 때가 되었나니
만일 우리에게 먼저 하면 하나님의 복음을
순종하지 아니하는 자들의 그 마지막은 어떠하며

¹⁸또 의인이 겨우 구원을 받으면
경건하지 아니한 자와 죄인은 어디에 서리요

¹⁹그러므로 하나님의 뜻대로 고난을 받는 자들은
또한 선을 행하는 가운데에 그 영혼을
미쁘신 창조주(創造主)께 의탁할지어다

하나님의 양 무리를 치라

5 ¹너희 중 장로들에게 권하노니
나는 함께 장로 된 자요 그리스도의 고난의 증인이요
나타날 영광에 참여할 자니라

²너희 중에 있는 하나님의 양 무리를 치되
억지로 하지 말고 하나님의 뜻을 따라 자원함으로 하며
더러운 이득을 위하여 하지 말고 기꺼이 하며

³맡은 자들에게 주장하는 자세를 하지 말고
양 무리의 본이 되라

⁴그리하면 목자장이 나타나실 때에
시들지 아니하는 영광의 관을 얻으리라

⁵젊은 자들아 이와 같이 장로들에게 순종하고
다 서로 겸손으로 허리를 동이라

하나님은 교만한 자를 대적하시되
겸손한 자들에게는 은혜를 주시느니라

⁶그러므로 하나님의 능하신 손 아래에서 겸손하라
때가 되면 너희를 높이시리라

⁷너희 염려를 다 주께 맡기라 이는 그가 너희를 돌보심이라

⁸근신하라 깨어라 너희 대적 마귀가 우는 사자 같이

두루 다니며 삼킬 자를 찾나니

⁹너희는 믿음을 굳건하게 하여 그를 대적하라
이는 세상에 있는 너희 형제들도
동일한 고난을 당하는 줄을 앎이라

¹⁰모든 은혜의 하나님 곧 그리스도 안에서 너희를 부르사
자기의 영원한 영광에 들어가게 하신 이가

잠깐 고난을 당한 너희를 친히 온전하게 하시며
굳건하게 하시며 강하게 하시며 터를 견고하게 하시리라

¹¹권능이 세세무궁하도록 그에게 있을지어다 아멘

끝 인사
¹²내가 신실한 형제로 아는 실루아노로 말미암아
너희에게 간단히 써서 권하고

이것이 하나님의 참된 은혜임을 증언하노니
너희는 이 은혜에 굳게 서라

---

[13] 택하심을 함께 받은 바벨론에 있는 교회가
너희에게 문안하고 내 아들 마가도 그리하느니라

---

[14] 너희는 사랑의 입맞춤으로 서로 문안하라
그리스도 안에 있는 너희 모든 이에게 평강이 있을지어다

God bless you~

베드로후서

사랑하는 자들아
주께는 하루가 천 년 같고
천 년이 하루 같다는
이 한 가지를 잊지 말라
_벧후 3:8_

레마북스
Rhemal스

부르심과 택하심

1

¹예수 그리스도의 종이며 사도인 시몬 베드로는
우리 하나님과 구주 예수 그리스도의 의를 힘입어

동일하게 보배로운 믿음을
우리와 함께 받은 자들에게 편지하노니

²하나님과 우리 주 예수를 앎으로
은혜와 평강이 너희에게 더욱 많을지어다

³그의 신기한 능력으로 생명과 경건에 속한 모든 것을
우리에게 주셨으니 이는 자기의 영광과 덕으로써
우리를 부르신 이를 앎으로 말미암음이라

⁴이로써 그 보배롭고 지극히 큰 약속을 우리에게 주사
이 약속으로 말미암아 너희가 정욕(情慾) 때문에

세상에서 썩어질 것을 피하여
신성한 성품에 참여하는 자가 되게 하려 하셨느니라

5그러므로 너희가 더욱 힘써 너희 믿음에 덕을, 덕에 지식을,

6지식에 절제를, 절제에 인내를, 인내에 경건을,

7경건에 형제 우애를, 형제 우애에 사랑을 더하라

8이런 것이 너희에게 있어 흡족한즉
너희로 우리 주 예수 그리스도를 알기에
게으르지 않고 열매 없는 자가 되지 않게 하려니와

9이런 것이 없는 자는 맹인이라 멀리 보지 못하고
그의 옛 죄가 깨끗하게 된 것을 잊었느니라

10그러므로 형제들아
더욱 힘써 너희 부르심과 택하심을 굳게 하라

너희가 이것을 행한즉 언제든지 실족하지 아니하리라

¹¹이같이 하면 우리 주 곧 구주 예수 그리스도의
영원한 나라에 들어감을 넉넉히 너희에게 주시리라

그리스도의 영광과 성경의 예언

¹²그러므로 너희가 이것을 알고 이미 있는 진리에 서 있으나
내가 항상 너희에게 생각나게 하려 하노라

¹³내가 이 장막에 있을 동안에 너희를 일깨워
생각나게 함이 옳은 줄로 여기노니

¹⁴이는 우리 주 예수 그리스도께서 내게 지시하신 것 같이
나도 나의 장막을 벗어날 것이 임박한 줄을 앎이라

¹⁵내가 힘써 너희로 하여금 내가 떠난 후에라도
어느 때나 이런 것을 생각나게 하려 하노라

16우리 주 예수 그리스도의 능력과
강림하심을 너희에게 알게 한 것이

교묘히 만든 이야기를 따른 것이 아니요
우리는 그의 크신 위엄을 친히 본 자라

17지극히 큰 영광(榮光) 중에서 이러한 소리가 그에게 나기를
이는 내 사랑하는 아들이요 내 기뻐하는 자라 하실 때에
그가 하나님 아버지께 존귀와 영광을 받으셨느니라

18이 소리는 우리가 그와 함께 거룩한 산에 있을 때에
하늘로부터 난 것을 들은 것이라

19또 우리에게는 더 확실한 예언이 있어
어두운 데를 비추는 등불과 같으니
날이 새어 샛별이 너희 마음에 떠오르기까지

너희가 이것을 주의하는 것이 옳으니라

²⁰먼저 알 것은 성경의 모든 예언은 사사로이 풀 것이 아니니

²¹예언은 언제든지 사람의 뜻으로 낸 것이 아니요
오직 성령의 감동(感動)하심을 받은 사람들이
하나님께 받아 말한 것임이라

거짓 선지자들과 거짓 선생들

2 ¹그러나 백성 가운데 또한 거짓 선지자들이 일어났었나니
이와 같이 너희 중에도 거짓 선생들이 있으리라

그들은 멸망하게 할 이단(異端)을 가만히 끌어들여
자기들을 사신 주를 부인하고
임박한 멸망을 스스로 취하는 자들이라

²여럿이 그들의 호색하는 것을 따르리니

이로 말미암아 진리의 도가 비방을 받을 것이요

3 그들이 탐심(貪心)으로써 지어낸 말을 가지고
너희로 이득을 삼으니

그들의 심판은 옛적부터 지체하지 아니하며
그들의 멸망은 잠들지 아니하느니라

4 하나님이 범죄한 천사들을 용서하지 아니하시고 지옥에 던져
어두운 구덩이에 두어 심판 때까지 지키게 하셨으며

5 옛 세상을 용서하지 아니하시고
오직 의를 전파하는 노아와 그 일곱 식구를 보존하시고
경건하지 아니한 자들의 세상에 홍수를 내리셨으며

6 소돔과 고모라 성을 멸망하기로 정하여 재가 되게 하사
후세에 경건하지 아니할 자들에게 본을 삼으셨으며

7 무법한 자들의 음란한 행실로 말미암아
고통 당하는 의로운 롯을 건지셨으니

8 (이는 이 의인이 그들 중에 거하여 날마다
저 불법한 행실을 보고 들음으로 그 의로운 심령이 상함이라)

9 주께서 경건한 자는 시험에서 건지실 줄 아시고
불의한 자는 형벌 아래에 두어 심판 날까지 지키시며

10 특별히 육체를 따라 더러운 정욕 가운데서 행하며
주관하는 이를 멸시하는 자들에게는 형벌할 줄 아시느니라

이들은 당돌하고 자긍하며 떨지 않고
영광 있는 자들을 비방하거니와

11 더 큰 힘과 능력을 가진 천사들도 주 앞에서
그들을 거슬러 비방하는 고발을 하지 아니하느니라

¹²그러나 이 사람들은 본래 잡혀 죽기 위하여 난
이성 없는 짐승 같아서 그 알지 못하는 것을 비방하고
그들의 멸망 가운데서 멸망을 당하며

¹³불의의 값으로 불의를 당하며 낮에 즐기고 노는 것을
기쁘게 여기는 자들이니 점과 흠이라
너희와 함께 연회할 때에 그들의 속임수로 즐기고 놀며

¹⁴음심이 가득한 눈을 가지고 범죄하기를 그치지 아니하고
굳세지 못한 영혼들을 유혹하며
탐욕에 연단된 마음을 가진 자들이니 저주의 자식이라

¹⁵그들이 바른 길을 떠나 미혹되어
브올의 아들 발람의 길을 따르는도다
그는 불의의 삯을 사랑하다가

¹⁶자기의 불법으로 말미암아 책망(責望)을 받되
말하지 못하는 나귀가 사람의 소리로 말하여
이 선지자의 미친 행동을 저지하였느니라

¹⁷이 사람들은 물 없는 샘이요 광풍(狂風)에 밀려 가는 안개니
그들을 위하여 캄캄한 어둠이 예비되어 있나니

¹⁸그들이 허탄한 자랑의 말을 토하며
그릇되게 행하는 사람들에게서 겨우 피한 자들을
음란으로써 육체의 정욕 중에서 유혹하는도다

¹⁹그들에게 자유를 준다 하여도 자신들은 멸망의 종들이니
누구든지 진 자는 이긴 자의 종이 됨이라

²⁰만일 그들이 우리 주 되신 구주 예수 그리스도를 앎으로
세상의 더러움을 피한 후에 다시 그 중에 얽매이고

지면 그 나중 형편이 처음보다 더 심하리니

²¹의의 도를 안 후에 받은 거룩한 명령을 저버리는 것보다 알지 못하는 것이 도리어 그들에게 나으니라

²²참된 속담에 이르기를 개가 그 토하였던 것에 돌아가고 돼지가 씻었다가 더러운 구덩이에 도로 누웠다 하는 말이 그들에게 응하였도다

하나님의 날

3 ¹사랑하는 자들아 내가 이제 이 둘째 편지를 너희에게 쓰노니 이 두 편지로 너희의 진실한 마음을 일깨워 생각나게 하여

²곧 거룩한 선지자들이 예언(豫言)한 말씀과 주 되신 구주께서 너희의 사도들로 말미암아 명하신 것을 기억하게 하려 하노라

³먼저 이것을 알지니 말세에 조롱하는 자들이 와서
자기의 정욕을 따라 행하며 조롱하여

⁴이르되 주께서 강림(降臨)하신다는 약속이 어디 있느냐
조상들이 잔 후로부터 만물이 처음 창조될 때와 같이
그냥 있다 하니

⁵이는 하늘이 옛적부터 있는 것과
땅이 물에서 나와 물로 성립된 것도
하나님의 말씀으로 된 것을 그들이 일부러 잊으려 함이로다

⁶이로 말미암아 그 때에 세상은 물이 넘침으로 멸망하였으되

⁷이제 하늘과 땅은 그 동일한 말씀으로
불사르기 위하여 보호하신 바 되어
경건하지 아니한 사람들의 심판과 멸망의 날까지

보존하여 두신 것이니라

8 사랑하는 자들아 주께는 하루가 천 년 같고
천 년이 하루 같다는 이 한 가지를 잊지 말라

9 주의 약속은 어떤 이들이 더디다고 생각하는 것 같이
더딘 것이 아니라 오직 주께서는 너희를 대하여

오래 참으사 아무도 멸망하지 아니하고
다 회개(悔改)하기에 이르기를 원하시느니라

10 그러나 주의 날이 도둑 같이 오리니
그 날에는 하늘이 큰 소리로 떠나가고

물질이 뜨거운 불에 풀어지고
땅과 그 중에 있는 모든 일이 드러나리로다

11 이 모든 것이 이렇게 풀어지리니

너희가 어떠한 사람이 되어야 마땅하냐
거룩한 행실과 경건함으로

¹²하나님의 날이 임하기를 바라보고 간절히 사모하라
그 날에 하늘이 불에 타서 풀어지고
물질이 뜨거운 불에 녹아지려니와

¹³우리는 그의 약속대로 의가 있는 곳인
새 하늘과 새 땅을 바라보도다

¹⁴그러므로 사랑하는 자들아 너희가 이것을 바라보나니
주 앞에서 점도 없고 흠(欠)도 없이
평강 가운데서 나타나기를 힘쓰라

¹⁵또 우리 주의 오래 참으심이 구원이 될 줄로 여기라
우리가 사랑하는 형제 바울도 그 받은 지혜(智慧)대로

너희에게 이같이 썼고

16 또 그 모든 편지에도 이런 일에 관하여 말하였으되
그 중에 알기 어려운 것이 더러 있으니

무식한 자들과 굳세지 못한 자들이 다른 성경과 같이
그것도 억지로 풀다가 스스로 멸망에 이르느니라

17 그러므로 사랑하는 자들아
너희가 이것을 미리 알았은즉

무법(無法)한 자들의 미혹에 이끌려
너희가 굳센 데서 떨어질까 삼가라

18 오직 우리 주 곧 구주 예수 그리스도의 은혜와
그를 아는 지식에서 자라 가라
영광이 이제와 영원한 날까지 그에게 있을지어다

개 역 개 정 · 신 약 성 경 쓰 기

10

요한1서

사랑하는 자들아
우리가 서로 사랑하자
사랑은 하나님께 속한 것이니
사랑하는 자마다
하나님으로부터 나서 하나님을 알고
사랑하지 아니하는 자는
하나님을 알지 못하나니
이는 하나님은 사랑이심이라
_요일 4:7~8_

레마북스
Rhema

생명의 말씀

1

¹태초(太初)부터 있는 생명의 말씀에 관하여는
우리가 들은 바요 눈으로 본 바요
자세히 보고 우리의 손으로 만진 바라

²이 생명이 나타내신 바 된지라 이 영원한 생명을
우리가 보았고 증언하여 너희에게 전하노니

이는 아버지와 함께 계시다가
우리에게 나타내신 바 된 이시니라

³우리가 보고 들은 바를 너희에게도 전함은
너희로 우리와 사귐이 있게 하려 함이니

우리의 사귐은 아버지와 그의 아들 예수 그리스도와
더불어 누림이라

4우리가 이것을 씀은 우리의 기쁨이 충만하게 하려 함이라

하나님은 빛이시다

5우리가 그에게서 듣고 너희에게 전하는 소식은 이것이니
곧 하나님은 빛이시라
그에게는 어둠이 조금도 없으시다는 것이니라

6만일 우리가 하나님과 사귐이 있다 하고 어둠에 행하면
거짓말을 하고 진리(眞理)를 행하지 아니함이거니와

7그가 빛 가운데 계신 것 같이 우리도 빛 가운데 행하면
우리가 서로 사귐이 있고 그 아들 예수의 피가
우리를 모든 죄에서 깨끗하게 하실 것이요

8만일 우리가 죄가 없다고 말하면 스스로 속이고
또 진리가 우리 속에 있지 아니할 것이요

⁹만일 우리가 우리 죄를 자백(自白)하면
그는 미쁘시고 의로우사 우리 죄를 사하시며
우리를 모든 불의에서 깨끗하게 하실 것이요

¹⁰만일 우리가 범죄하지 아니하였다 하면
하나님을 거짓말하는 이로 만드는 것이니
또한 그의 말씀이 우리 속에 있지 아니하니라

대언자이신 예수 그리스도

2 ¹나의 자녀들아 내가 이것을 너희에게 씀은
너희로 죄를 범하지 않게 하려 함이라

만일 누가 죄를 범하여도 아버지 앞에서 우리에게
대언자(代言者)가 있으니 곧 의로우신 예수 그리스도시라

²그는 우리 죄를 위한 화목제물이니

우리만 위할 뿐 아니요 온 세상의 죄를 위하심이라

³우리가 그의 계명을 지키면
이로써 우리가 그를 아는 줄로 알 것이요

⁴그를 아노라 하고 그의 계명을 지키지 아니하는 자는
거짓말하는 자요 진리가 그 속에 있지 아니하되

⁵누구든지 그의 말씀을 지키는 자는
하나님의 사랑이 참으로 그 속에서 온전하게 되었나니
이로써 우리가 그의 안에 있는 줄을 아노라

⁶그의 안에 산다고 하는 자는
그가 행하시는 대로 자기도 행할지니라

옛 계명과 새 계명
⁷사랑하는 자들아 내가 새 계명을 너희에게 쓰는 것이 아니라

너희가 처음부터 가진 옛 계명이니
이 옛 계명은 너희가 들은 바 말씀이거니와

⁸다시 내가 너희에게 새 계명을 쓰노니
그에게와 너희에게도 참된 것이라
이는 어둠이 지나가고 참빛이 벌써 비침이니라

⁹빛 가운데 있다 하면서 그 형제를 미워하는 자는
지금까지 어둠에 있는 자요

¹⁰그의 형제를 사랑하는 자는 빛 가운데 거하여
자기 속에 거리낌이 없으나

¹¹그의 형제를 미워하는 자는 어둠에 있고
또 어둠에 행하며 갈 곳을 알지 못하나니
이는 그 어둠이 그의 눈을 멀게 하였음이라

12자녀들아 내가 너희에게 쓰는 것은
너희 죄가 그의 이름으로 말미암아 사함을 받았음이요

13아비들아 내가 너희에게 쓰는 것은
너희가 태초부터 계신 이를 알았음이요

청년들아 내가 너희에게 쓰는 것은
너희가 악한 자를 이기었음이라

14아이들아 내가 너희에게 쓴 것은
너희가 아버지를 알았음이요

아비들아 내가 너희에게 쓴 것은
너희가 태초부터 계신 이를 알았음이요

청년들아 내가 너희에게 쓴 것은
너희가 강하고 하나님의 말씀이 너희 안에 거하시며

너희가 흉악한 자를 이기었음이라

15이 세상이나 세상에 있는 것들을 사랑하지 말라
누구든지 세상을 사랑하면
아버지의 사랑이 그 안에 있지 아니하니

16이는 세상에 있는 모든 것이
육신의 정욕과 안목의 정욕과 이생의 자랑이니
다 아버지께로부터 온 것이 아니요 세상으로부터 온 것이라

17이 세상도, 그 정욕도 지나가되
오직 하나님의 뜻을 행하는 자는 영원히 거하느니라

적그리스도와 하나님의 자녀
18아이들아 지금은 마지막 때라
적그리스도가 오리라는 말을 너희가 들은 것과 같이

지금도 많은 적그리스도가 일어났으니
그러므로 우리가 마지막 때인 줄 아노라

¹⁹ 그들이 우리에게서 나갔으나 우리에게 속하지 아니하였나니
만일 우리에게 속하였더라면 우리와 함께 거하였으려니와

그들이 나간 것은 다 우리에게 속하지 아니함을
나타내려 함이니라

²⁰ 너희는 거룩하신 자에게서 기름 부음을 받고
모든 것을 아느니라

²¹ 내가 너희에게 쓰는 것은
너희가 진리를 알지 못하기 때문이 아니라 알기 때문이요
또 모든 거짓은 진리에서 나지 않기 때문이라

²² 거짓말하는 자가 누구냐

예수께서 그리스도이심을 부인(否認)하는 자가 아니냐
아버지와 아들을 부인하는 그가 적그리스도니

23 아들을 부인하는 자에게는 또한 아버지가 없으되
아들을 시인하는 자에게는 아버지도 있느니라

24 너희는 처음부터 들은 것을 너희 안에 거하게 하라
처음부터 들은 것이 너희 안에 거하면
너희가 아들과 아버지 안에 거하리라

25 그가 우리에게 약속하신 것은 이것이니
곧 영원한 생명이니라

26 너희를 미혹하는 자들에 관하여
내가 이것을 너희에게 썼노라

27 너희는 주께 받은 바 기름 부음이 너희 안에 거하나니

아무도 너희를 가르칠 필요가 없고
오직 그의 기름 부음이 모든 것을 너희에게 가르치며

또 참되고 거짓이 없으니
너희를 가르치신 그대로 주 안에 거하라

²⁸자녀들아 이제 그의 안에 거하라
이는 주께서 나타내신 바 되면

그가 강림하실 때에 우리로 담대함을 얻어
그 앞에서 부끄럽지 않게 하려 함이라

²⁹너희가 그가 의로우신 줄을 알면
의를 행하는 자마다 그에게서 난 줄을 알리라

3 ¹보라 아버지께서 어떠한 사랑을 우리에게 베푸사
하나님의 자녀라 일컬음을 받게 하셨는가,

우리가 그러하도다
그러므로 세상이 우리를 알지 못함은 그를 알지 못함이라

2사랑하는 자들아 우리가 지금은 하나님의 자녀라
장래에 어떻게 될지는 아직 나타나지 아니하였으나

그가 나타나시면 우리가 그와 같을 줄을 아는 것은
그의 참모습 그대로 볼 것이기 때문이니

3주를 향하여 이 소망을 가진 자마다
그의 깨끗하심과 같이 자기를 깨끗하게 하느니라

4죄를 짓는 자마다 불법을 행하나니 죄는 불법이라

5그가 우리 죄를 없애려고 나타나신 것을 너희가 아나니
그에게는 죄가 없느니라

6그 안에 거하는 자마다 범죄(犯罪)하지 아니하나니

범죄하는 자마다 그를 보지도 못하였고
그를 알지도 못하였느니라

7 자녀들아 아무도 너희를 미혹하지 못하게 하라
의를 행하는 자는 그의 의로우심과 같이 의롭고

8 죄를 짓는 자는 마귀에게 속하나니 마귀는 처음부터
범죄함이라 하나님의 아들이 나타나신 것은
마귀의 일을 멸하려 하심이라

9 하나님께로부터 난 자마다 죄를 짓지 아니하나니
이는 하나님의 씨가 그의 속에 거함이요
그도 범죄하지 못하는 것은 하나님께로부터 났음이라

10 이러므로 하나님의 자녀들과 마귀의 자녀들이 드러나나니
무릇 의를 행하지 아니하는 자나

또는 그 형제를 사랑하지 아니하는 자는
하나님께 속하지 아니하느니라

11 우리는 서로 사랑할지니
이는 너희가 처음부터 들은 소식이라

12 가인 같이 하지 말라 그는 악한 자에게 속하여
그 아우를 죽였으니 어떤 이유로 죽였느냐
자기의 행위는 악하고 그의 아우의 행위는 의로움이라

행함과 진실함으로 사랑하자

13 형제들아 세상이 너희를 미워하여도 이상히 여기지 말라

14 우리는 형제를 사랑함으로 사망(死亡)에서 옮겨
생명으로 들어간 줄을 알거니와
사랑하지 아니하는 자는 사망에 머물러 있느니라

15그 형제를 미워하는 자마다 살인하는 자니
 살인하는 자마다 영생(永生)이 그 속에 거하지 아니하는 것을
 너희가 아는 바라

16그가 우리를 위하여 목숨을 버리셨으니
 우리가 이로써 사랑을 알고 우리도 형제들을 위하여
 목숨을 버리는 것이 마땅하니라

17누가 이 세상의 재물을 가지고
 형제의 궁핍함을 보고도 도와 줄 마음을 닫으면
 하나님의 사랑이 어찌 그 속에 거하겠느냐

18자녀들아 우리가 말과 혀로만 사랑하지 말고
 행함과 진실함으로 하자

19이로써 우리가 진리에 속한 줄을 알고

또 우리 마음을 주 앞에서 굳세게 하리니

20 이는 우리 마음이 혹 우리를 책망(責望)할 일이 있어도
하나님은 우리 마음보다 크시고 모든 것을 아시기 때문이라

21 사랑하는 자들아
만일 우리 마음이 우리를 책망할 것이 없으면
하나님 앞에서 담대함을 얻고

22 무엇이든지 구하는 바를 그에게서 받나니
이는 우리가 그의 계명을 지키고
그 앞에서 기뻐하시는 것을 행함이라

23 그의 계명은 이것이니
곧 그 아들 예수 그리스도의 이름을 믿고
그가 우리에게 주신 계명대로 서로 사랑할 것이니라

²⁴그의 계명을 지키는 자는
주 안에 거하고 주는 그의 안에 거하시나니

우리에게 주신 성령으로 말미암아
그가 우리 안에 거하시는 줄을 우리가 아느니라

하나님의 영과 적그리스도의 영

4 ¹사랑하는 자들아 영을 다 믿지 말고
오직 영들이 하나님께 속하였나 분별(分別)하라
많은 거짓 선지자가 세상에 나왔음이라

²이로써 너희가 하나님의 영을 알지니
곧 예수 그리스도께서 육체로 오신 것을
시인하는 영마다 하나님께 속한 것이요

³예수를 시인하지 아니하는 영마다 하나님께 속한 것이 아니니

이것이 곧 적그리스도의 영이니라
오리라 한 말을 너희가 들었거니와
지금 벌써 세상에 있느니라

4 자녀들아 너희는 하나님께 속하였고 또 그들을 이기었나니
이는 너희 안에 계신 이가 세상에 있는 자보다 크심이라

5 그들은 세상에 속한 고로 세상에 속한 말을 하매
세상이 그들의 말을 듣느니라

6 우리는 하나님께 속하였으니
하나님을 아는 자는 우리의 말을 듣고

하나님께 속하지 아니한 자는 우리의 말을 듣지 아니하나니
진리(眞理)의 영과 미혹의 영을 이로써 아느니라

하나님은 사랑이시다

7 사랑하는 자들아 우리가 서로 사랑하자
사랑은 하나님께 속한 것이니
사랑하는 자마다 하나님으로부터 나서 하나님을 알고

8 사랑하지 아니하는 자는 하나님을 알지 못하나니
이는 하나님은 사랑이심이라

9 하나님의 사랑이 우리에게 이렇게 나타난 바 되었으니
하나님이 자기의 독생자를 세상에 보내심은
그로 말미암아 우리를 살리려 하심이라

10 사랑은 여기 있으니 우리가 하나님을 사랑한 것이 아니요
하나님이 우리를 사랑하사 우리 죄를 속하기 위하여
화목제물로 그 아들을 보내셨음이라

11 사랑하는 자들아 하나님이 이같이 우리를 사랑하셨은즉

우리도 서로 사랑하는 것이 마땅하도다

¹²어느 때나 하나님을 본 사람이 없으되
만일 우리가 서로 사랑하면 하나님이 우리 안에 거하시고
그의 사랑이 우리 안에 온전히 이루어지느니라

¹³그의 성령을 우리에게 주시므로 우리가 그 안에 거하고
그가 우리 안에 거하시는 줄을 아느니라

¹⁴아버지가 아들을 세상의 구주(救主)로 보내신 것을
우리가 보았고 또 증언하노니

¹⁵누구든지 예수를 하나님의 아들이라 시인하면
하나님이 그의 안에 거하시고 그도 하나님 안에 거하느니라

¹⁶하나님이 우리를 사랑하시는 사랑을
우리가 알고 믿었노니 하나님은 사랑이시라

사랑 안에 거하는 자는 하나님 안에 거하고
하나님도 그의 안에 거하시느니라

17이로써 사랑이 우리에게 온전히 이루어진 것은
우리로 심판 날에 담대함을 가지게 하려 함이니
주께서 그러하심과 같이 우리도 이 세상에서 그러하니라

18사랑 안에 두려움이 없고 온전한 사랑이
두려움을 내쫓나니 두려움에는 형벌이 있음이라
두려워하는 자는 사랑 안에서 온전히 이루지 못하였느니라

19우리가 사랑함은 그가 먼저 우리를 사랑하셨음이라

20누구든지 하나님을 사랑하노라 하고
그 형제를 미워하면 이는 거짓말하는 자니
보는 바 그 형제를 사랑하지 아니하는 자는

보지 못하는 바 하나님을 사랑할 수 없느니라

²¹ 우리가 이 계명을 주께 받았나니
하나님을 사랑하는 자는 또한 그 형제를 사랑할지니라

세상을 이기는 믿음

5 ¹ 예수께서 그리스도이심을 믿는 자마다
하나님께로부터 난 자니

또한 낳으신 이를 사랑하는 자마다
그에게서 난 자를 사랑하느니라

² 우리가 하나님을 사랑하고 그의 계명(誡命)들을 지킬 때에
이로써 우리가 하나님의 자녀를 사랑하는 줄을 아느니라

³ 하나님을 사랑하는 것은 이것이니
우리가 그의 계명들을 지키는 것이라

그의 계명들은 무거운 것이 아니로다

4 무릇 하나님께로부터 난 자마다 세상을 이기느니라
세상을 이기는 승리는 이것이니 우리의 믿음이니라

5 예수께서 하나님의 아들이심을 믿는 자가 아니면
세상을 이기는 자가 누구냐

6 이는 물과 피로 임하신 이시니 곧 예수 그리스도시라
물로만 아니요 물과 피로 임하셨고
증언하는 이는 성령이시니 성령은 진리니라

7 증언하는 이가 셋이니

8 성령과 물과 피라 또한 이 셋은 합하여 하나이니라

9 만일 우리가 사람들의 증언을 받을진대
하나님의 증거는 더욱 크도다

하나님의 증거는 이것이니
그의 아들에 대하여 증언하신 것이니라

10 하나님의 아들을 믿는 자는 자기 안에 증거가 있고
하나님을 믿지 아니하는 자는
하나님을 거짓말하는 자로 만드나니

이는 하나님께서 그 아들에 대하여
증언하신 증거를 믿지 아니하였음이라

11 또 증거는 이것이니 하나님이 우리에게 영생을 주신 것과
이 생명이 그의 아들 안에 있는 그것이니라

12 아들이 있는 자에게는 생명이 있고
하나님의 아들이 없는 자에게는 생명이 없느니라

영생을 알게 하려 함이라

¹³내가 하나님의 아들의 이름을 믿는 너희에게
이것을 쓰는 것은 너희로 하여금
너희에게 영생(永生)이 있음을 알게 하려 함이라

¹⁴그를 향하여 우리가 가진 바 담대함이 이것이니
그의 뜻대로 무엇을 구하면 들으심이라

¹⁵우리가 무엇이든지 구하는 바를 들으시는 줄을 안즉
우리가 그에게 구한 그것을 얻은 줄을 또한 아느니라

¹⁶누구든지 형제가 사망에 이르지 아니하는
죄 범하는 것을 보거든 구하라

그리하면 사망에 이르지 아니하는 범죄자들을 위하여
그에게 생명을 주시리라 사망에 이르는 죄가 있으니
이에 관하여 나는 구하라 하지 않노라

¹⁷모든 불의가 죄로되 사망에 이르지 아니하는 죄도 있도다

¹⁸하나님께로부터 난 자는
다 범죄하지 아니하는 줄을 우리가 아노라

하나님께로부터 나신 자가 그를 지키시매
악한 자가 그를 만지지도 못하느니라

¹⁹또 아는 것은 우리는 하나님께 속하고
온 세상은 악한 자 안에 처한 것이며

²⁰또 아는 것은 하나님의 아들이 이르러 우리에게 지각을 주사
우리로 참된 자를 알게 하신 것과 또한 우리가 참된 자

곧 그의 아들 예수 그리스도 안에 있는 것이니
그는 참 하나님이시요 영생이시라

²¹자녀들아 너희 자신을 지켜 우상에게서 멀리하라

God bless you~

개역개정 · 신약성경쓰기

10

요한2서

또 사랑은 이것이니
우리가 그 계명을 따라 행하는 것이요
계명은 이것이니
너희가 처음부터 들은 바와 같이
그 가운데서 행하라 하심이라
_요이 1:6_

레마북스
Rhema

인사

1

¹장로인 나는 택하심을 받은 부녀와
그의 자녀들에게 편지하노니

내가 참으로 사랑하는 자요
나뿐 아니라 진리를 아는 모든 자도 그리하는 것은

---

²우리 안에 거하여 영원히 우리와 함께 할
진리(眞理)로 말미암음이로다

---

³은혜(恩惠)와 긍휼과 평강이 하나님 아버지와
아버지의 아들 예수 그리스도께로부터
진리와 사랑 가운데서 우리와 함께 있으리라

진리와 사랑

⁴너의 자녀들 중에 우리가 아버지께 받은 계명대로

진리를 행하는 자를 내가 보니 심히 기쁘도다

⁵부녀여, 내가 이제 네게 구하노니 서로 사랑하자
이는 새 계명 같이 네게 쓰는 것이 아니요
처음부터 우리가 가진 것이라

⁶또 사랑은 이것이니 우리가 그 계명을 따라 행하는 것이요
계명은 이것이니 너희가 처음부터 들은 바와 같이
그 가운데서 행하라 하심이라

⁷미혹하는 자가 세상에 많이 나왔나니
이는 예수 그리스도께서 육체로 오심을 부인하는 자라
이런 자가 미혹하는 자요 적그리스도니

⁸너희는 스스로 삼가 우리가 일한 것을 잃지 말고
오직 온전한 상을 받으라

⁹지나쳐 그리스도의 교훈 안에 거하지 아니하는 자는
다 하나님을 모시지 못하되 교훈 안에 거하는 그 사람은
아버지와 아들을 모시느니라

¹⁰누구든지 이 교훈을 가지지 않고 너희에게 나아가거든
그를 집에 들이지도 말고 인사도 하지 말라

¹¹그에게 인사하는 자는 그 악한 일에 참여하는 자임이라

끝 인사

¹²내가 너희에게 쓸 것이 많으나
종이와 먹으로 쓰기를 원하지 아니하고

오히려 너희에게 가서 대면(對面)하여 말하려 하니
이는 너희 기쁨을 충만하게 하려 함이라

¹³택하심을 받은 네 자매의 자녀들이 네게 문안(問安)하느니라

God bless you~

개 역 개 정 · 신 약 성 경 쓰 기

10

요한3서

사랑하는 자여
네 영혼이 잘됨 같이
네가 범사에 잘되고 강건하기를
내가 간구하노라
_요삼 1:2_

레마북스
Rhema

1

¹장로인 나는 사랑하는 가이오
곧 내가 참으로 사랑하는 자에게 편지하노라

²사랑하는 자여 네 영혼이 잘됨 같이 네가 범사에 잘되고
강건하기를 내가 간구하노라

³형제들이 와서 네게 있는 진리를 증언하되
네가 진리 안에서 행한다 하니 내가 심히 기뻐하노라

⁴내가 내 자녀들이 진리 안에서 행한다 함을
듣는 것보다 더 기쁜 일이 없도다

영접함과 내쫓음

⁵사랑하는 자여 네가 무엇이든지
형제 곧 나그네 된 자들에게 행하는 것은 신실한 일이니

⁶그들이 교회 앞에서 너의 사랑을 증언하였느니라
네가 하나님께 합당하게 그들을 전송하면 좋으리로다

⁷이는 그들이 주의 이름을 위하여 나가서
이방인에게 아무 것도 받지 아니함이라

⁸그러므로 우리가 이같은 자들을
영접(迎接)하는 것이 마땅하니 이는 우리로 진리를 위하여
함께 일하는 자가 되게 하려 함이라

⁹내가 두어 자를 교회(敎會)에 썼으나 그들 중에 으뜸되기를
좋아하는 디오드레베가 우리를 맞아들이지 아니하니

¹⁰그러므로 내가 가면 그 행한 일을 잊지 아니하리라
그가 악한 말로 우리를 비방하고도 오히려 부족하여
형제들을 맞아들이지도 아니하고

맞아들이고자 하는 자를 금하여 교회에서 내쫓는도다

¹¹사랑하는 자여 악한 것을 본받지 말고 선한 것을 본받으라
선을 행하는 자는 하나님께 속하고
악을 행하는 자는 하나님을 뵈옵지 못하였느니라

¹²데메드리오는 뭇 사람에게도, 진리에게서도 증거를 받았으매
우리도 증언하노니 너는 우리의 증언이 참된 줄을 아느니라

끝 인사
¹³내가 네게 쓸 것이 많으나
먹과 붓으로 쓰기를 원하지 아니하고

¹⁴속히 보기를 바라노니 또한 우리가 대면하여 말하리라

¹⁵평강이 네게 있을지어다 여러 친구가 네게 문안하느니라
너는 친구들의 이름을 들어 문안하라

God bless you~

개역개정·신약성경쓰기

10

유다서

사랑하는 자들아
너희는 너희의 지극히
거룩한 믿음 위에 자신을 세우며
성령으로 기도하며 하나님의 사랑 안에서
자신을 지키며 영생에 이르도록
우리 주 예수 그리스도의
긍휼을 기다리라
_유 1:20,21_

레마북스
Rhema Books

인사

1

¹예수 그리스도의 종이요
야고보의 형제인 유다는 부르심을 받은 자

곧 하나님 아버지 안에서 사랑을 얻고
예수 그리스도를 위하여 지키심을 받은 자들에게 편지하노라

²긍휼과 평강과 사랑이 너희에게 더욱 많을지어다

거짓 교사들에게 내릴 심판

³사랑하는 자들아 우리가 일반으로 받은 구원(救援)에 관하여
내가 너희에게 편지하려는 생각이 간절하던 차에

성도에게 단번에 주신 믿음의 도를 위하여
힘써 싸우라는 편지로 너희를 권하여야 할 필요를 느꼈노니

⁴이는 가만히 들어온 사람 몇이 있음이라

그들은 옛적부터 이 판결을 받기로 미리 기록된 자니
경건하지 아니하여 우리 하나님의 은혜를

도리어 방탕한 것으로 바꾸고 홀로 하나이신 주재
곧 우리 주 예수 그리스도를 부인하는 자니라

⁵너희가 본래 모든 사실을 알고 있으나
내가 너희로 다시 생각나게 하고자 하노라

주께서 백성을 애굽에서 구원하여 내시고
후에 믿지 아니하는 자들을 멸하셨으며

⁶또 자기 지위를 지키지 아니하고 자기 처소를 떠난 천사들을
큰 날의 심판까지 영원한 결박으로 흑암에 가두셨으며

⁷소돔과 고모라와 그 이웃 도시들도
그들과 같은 행동으로 음란하며

다른 육체를 따라 가다가
영원한 불의 형벌을 받음으로 거울이 되었느니라

8그러한데 꿈꾸는 이 사람들도 그와 같이 육체를 더럽히며
권위를 업신여기며 영광을 비방하는도다

9천사장 미가엘이 모세의 시체에 관하여
마귀와 다투어 변론(辯論)할 때에

감히 비방하는 판결을 내리지 못하고 다만 말하되
주께서 너를 꾸짖으시기를 원하노라 하였거늘

10이 사람들은 무엇이든지
그 알지 못하는 것을 비방하는도다

또 그들은 이성 없는 짐승 같이
본능으로 아는 그것으로 멸망하느니라

---

¹¹화 있을진저 이 사람들이여, 가인의 길에 행하였으며
삯을 위하여 발람의 어그러진 길로 몰려 갔으며
고라의 패역을 따라 멸망을 받았도다

¹²그들은 기탄 없이 너희와 함께 먹으니
너희의 애찬에 암초요 자기 몸만 기르는 목자요

바람에 불려가는 물 없는 구름이요
죽고 또 죽어 뿌리까지 뽑힌 열매 없는 가을 나무요

¹³자기 수치의 거품을 뿜는 바다의 거친 물결이요
영원히 예비된 캄캄한 흑암으로 돌아갈 유리하는 별들이라

¹⁴아담의 칠대 손 에녹이 이 사람들에 대하여도 예언하여
이르되 보라 주께서 그 수만의 거룩한 자와 함께 임하셨나니

¹⁵이는 뭇 사람을 심판하사 모든 경건하지 않은 자가

경건하지 않게 행한 모든 경건하지 않은 일과
또 경건하지 않은 죄인들이 주를 거슬러 한

모든 완악한 말로 말미암아 그들을 정죄하려 하심이라
하였느니라

16 이 사람들은 원망하는 자며 불만을 토하는 자며
그 정욕대로 행하는 자라 그 입으로 자랑하는 말을 하며
이익을 위하여 아첨하느니라

훈계와 권면
17 사랑하는 자들아 너희는 우리 주 예수 그리스도의
사도들이 미리 한 말을 기억하라

18 그들이 너희에게 말하기를
마지막 때에 자기의 경건하지 않은 정욕대로 행하며

조롱하는 자들이 있으리라 하였나니

¹⁹이 사람들은 분열을 일으키는 자며 육(肉)에 속한 자며
성령이 없는 자니라

²⁰사랑하는 자들아 너희는 너희의 지극히 거룩한 믿음 위에
자신을 세우며 성령으로 기도하며

²¹하나님의 사랑 안에서 자신을 지키며
영생에 이르도록 우리 주 예수 그리스도의 긍휼을 기다리라

²²어떤 의심하는 자들을 긍휼히 여기라

²³또 어떤 자를 불에서 끌어내어 구원하라
또 어떤 자를 그 육체로 더럽힌 옷까지도 미워하되
두려움으로 긍휼히 여기라

축복

²⁴능히 너희를 보호하사 거침이 없게 하시고
너희로 그 영광 앞에 흠이 없이 기쁨으로 서게 하실 이

²⁵곧 우리 구주 홀로 하나이신 하나님께
우리 주 예수 그리스도로 말미암아

영광과 위엄과 권력과 권세가 영원 전부터
이제와 영원토록 있을지어다 아멘

God bless you~

개 역 개 정 · 신 약 성 경 쓰 기

요한계시록

보라
내가 속히 오리니
내가 줄 상이 내게 있어
각 사람에게 그가 행한 대로
갚아 주리라
나는
알파와 오메가요
처음과 마지막이요
시작과 마침이라
_계 22:12,13_

레마북스
Rhema books

표제와 인사

1

¹예수 그리스도의 계시라
이는 하나님이 그에게 주사

반드시 속히 일어날 일들을 그 종들에게 보이시려고
그의 천사를 그 종 요한에게 보내어 알게 하신 것이라

²요한은 하나님의 말씀과 예수 그리스도의 증거
곧 자기가 본 것을 다 증언하였느니라

³이 예언(豫言)의 말씀을 읽는 자와 듣는 자와
그 가운데에 기록한 것을 지키는 자는 복이 있나니
때가 가까움이라

⁴요한은 아시아에 있는 일곱 교회에 편지하노니
이제도 계시고 전에도 계셨고

장차 오실 이와 그의 보좌 앞에 있는 일곱 영과

5 또 충성된 증인으로 죽은 자들 가운데에서 먼저 나시고
땅의 임금들의 머리가 되신 예수 그리스도로 말미암아

은혜와 평강이 너희에게 있기를 원하노라
우리를 사랑하사 그의 피로 우리 죄에서 우리를 해방하시고

6 그의 아버지 하나님을 위하여
우리를 나라와 제사장으로 삼으신 그에게
영광과 능력(能力)이 세세토록 있기를 원하노라 아멘

7 볼지어다 그가 구름을 타고 오시리라
각 사람의 눈이 그를 보겠고 그를 찌른 자들도 볼 것이요

땅에 있는 모든 족속이 그로 말미암아 애곡하리니
그러하리라 아멘

⁸주 하나님이 이르시되 나는 알파와 오메가라
이제도 있고 전에도 있었고 장차 올 자요
전능(全能)한 자라 하시더라

그리스도의 명령

⁹나 요한은 너희 형제요
예수의 환난과 나라와 참음에 동참하는 자라

하나님의 말씀과 예수를 증언하였음으로 말미암아
밧모라 하는 섬에 있었더니

¹⁰주의 날에 내가 성령에 감동되어
내 뒤에서 나는 나팔 소리 같은 큰 음성을 들으니

¹¹이르되 네가 보는 것을 두루마리에 써서
에베소, 서머나, 버가모, 두아디라, 사데, 빌라델비아,

라오디게아 등 일곱 교회에 보내라 하시기로

12 몸을 돌이켜 나에게 말한 음성을 알아 보려고
돌이킬 때에 일곱 금 촛대를 보았는데

13 촛대 사이에 인자(人子) 같은 이가
발에 끌리는 옷을 입고 가슴에 금띠를 띠고

14 그의 머리와 털의 희기가 흰 양털 같고 눈 같으며
그의 눈은 불꽃 같고

15 그의 발은 풀무불에 단련한 빛난 주석 같고
그의 음성은 많은 물 소리와 같으며

16 그의 오른손에 일곱 별이 있고
그의 입에서 좌우(左右)에 날선 검이 나오고
그 얼굴은 해가 힘있게 비치는 것 같더라

17내가 볼 때에 그의 발 앞에 엎드러져 죽은 자 같이 되매
그가 오른손을 내게 얹고 이르시되
두려워하지 말라 나는 처음이요 마지막이니

18곧 살아 있는 자라 내가 전에 죽었었노라
볼지어다 이제 세세토록 살아 있어
사망과 음부의 열쇠를 가졌노니

19그러므로 네가 본 것과 지금 있는 일과
장차 될 일을 기록하라

20네가 본 것은 내 오른손의 일곱 별의 비밀과
또 일곱 금 촛대라 일곱 별은 일곱 교회의 사자요
일곱 촛대는 일곱 교회니라

에베소 교회에 보내는 말씀

2 ¹에베소 교회의 사자에게 편지(便紙)하라
오른손에 있는 일곱 별을 붙잡고
일곱 금 촛대 사이를 거니시는 이가 이르시되

²내가 네 행위와 수고와 네 인내를 알고
또 악한 자들을 용납하지 아니한 것과

자칭 사도라 하되 아닌 자들을 시험하여
그의 거짓된 것을 네가 드러낸 것과

³또 네가 참고 내 이름을 위하여 견디고
게으르지 아니한 것을 아노라

⁴그러나 너를 책망할 것이 있나니
너의 처음 사랑을 버렸느니라

⁵그러므로 어디서 떨어졌는지를 생각하고 회개(悔改)하여

처음 행위를 가지라
만일 그리하지 아니하고 회개하지 아니하면
내가 네게 가서 네 촛대를 그 자리에서 옮기리라

⁶오직 네게 이것이 있으니
네가 니골라 당(黨)의 행위를 미워하는도다
나도 이것을 미워하노라

⁷귀 있는 자는 성령이 교회들에게 하시는 말씀을 들을지어다
이기는 그에게는 내가 하나님의 낙원에 있는
생명나무의 열매를 주어 먹게 하리라

서머나 교회에 보내는 말씀
⁸서머나 교회의 사자에게 편지하라
처음이며 마지막이요 죽었다가 살아나신 이가 이르시되

⁹내가 네 환난과 궁핍을 알거니와 실상은 네가 부요한 자니라
자칭 유대인이라 하는 자들의 비방도 알거니와
실상은 유대인이 아니요 사탄의 회당이라

¹⁰너는 장차 받을 고난을 두려워하지 말라
볼지어다 마귀가 장차 너희 가운데에서

몇 사람을 옥에 던져 시험을 받게 하리니
너희가 십 일 동안 환난(患難)을 받으리라

네가 죽도록 충성하라
그리하면 내가 생명의 관을 네게 주리라

¹¹귀 있는 자는 성령이 교회들에게 하시는 말씀을 들을지어다
이기는 자는 둘째 사망의 해를 받지 아니하리라

버가모 교회에 보내는 말씀

¹²버가모 교회의 사자에게 편지하라
좌우에 날선 검을 가지신 이가 이르시되

¹³네가 어디에 사는지를 내가 아노니
거기는 사탄의 권좌가 있는 데라

네가 내 이름을 굳게 잡아서
내 충성된 증인 안디바가 너희 가운데

곧 사탄이 사는 곳에서 죽임을 당할 때에도
나를 믿는 믿음을 저버리지 아니하였도다

¹⁴그러나 네게 두어 가지 책망할 것이 있나니
거기 네게 발람의 교훈을 지키는 자들이 있도다

발람이 발락을 가르쳐 이스라엘 자손 앞에 걸림돌을 놓아
우상의 제물을 먹게 하였고 또 행음하게 하였느니라

¹⁵이와 같이 네게도 니골라 당의 교훈을 지키는 자들이 있도다

¹⁶그러므로 회개하라 그리하지 아니하면 내가 네게 속히 가서
내 입의 검으로 그들과 싸우리라

¹⁷귀 있는 자는 성령이 교회들에게 하시는 말씀을 들을지어다
이기는 그에게는 내가 감추었던 만나를 주고
또 흰 돌을 줄 터인데

그 돌 위에 새 이름을 기록한 것이 있나니
받는 자 밖에는 그 이름을 알 사람이 없느니라

두아디라 교회에 보내는 말씀
¹⁸두아디라 교회의 사자에게 편지하라
그 눈이 불꽃 같고 그 발이 빛난 주석과 같은
하나님의 아들이 이르시되

¹⁹내가 네 사업과 사랑과 믿음과 섬김과 인내를 아노니
네 나중 행위가 처음 것보다 많도다

²⁰그러나 네게 책망할 일이 있노라
자칭 선지자라 하는 여자 이세벨을 네가 용납(容納)함이니

그가 내 종들을 가르쳐 꾀어 행음하게 하고
우상의 제물을 먹게 하는도다

²¹또 내가 그에게 회개할 기회를 주었으되
자기의 음행을 회개하고자 하지 아니하는도다

²²볼지어다 내가 그를 침상에 던질 터이요
또 그와 더불어 간음하는 자들도

만일 그의 행위를 회개하지 아니하면
큰 환난 가운데에 던지고

²³또 내가 사망으로 그의 자녀를 죽이리니 모든 교회가
나는 사람의 뜻과 마음을 살피는 자인 줄 알지라
내가 너희 각 사람의 행위대로 갚아 주리라

²⁴두아디라에 남아 있어 이 교훈을 받지 아니하고
소위 사탄의 깊은 것을 알지 못하는 너희에게 말하노니
다른 짐으로 너희에게 지울 것은 없노라

²⁵다만 너희에게 있는 것을 내가 올 때까지 굳게 잡으라

²⁶이기는 자와 끝까지 내 일을 지키는 그에게
만국을 다스리는 권세를 주리니

²⁷그가 철장을 가지고 그들을 다스려
질그릇 깨뜨리는 것과 같이 하리라
나도 내 아버지께 받은 것이 그러하니라

²⁸내가 또 그에게 새벽 별을 주리라

²⁹귀 있는 자는 성령이 교회들에게 하시는 말씀을 들을지어다

사데 교회에 보내는 말씀

3 ¹사데 교회의 사자(使者)에게 편지하라
하나님의 일곱 영과 일곱 별을 가지신 이가 이르시되

내가 네 행위를 아노니
네가 살았다 하는 이름은 가졌으나 죽은 자로다

²너는 일깨어 그 남은 바 죽게 된 것을 굳건하게 하라
내 하나님 앞에 네 행위의 온전한 것을 찾지 못하였노니

³그러므로 네가 어떻게 받았으며
어떻게 들었는지 생각하고 지켜 회개하라
만일 일깨지 아니하면 내가 도둑 같이 이르리니

어느 때에 네게 이를는지 네가 알지 못하리라

4 그러나 사데에 그 옷을 더럽히지 아니한 자
몇 명이 네게 있어 흰 옷을 입고 나와 함께 다니리니
그들은 합당(合當)한 자인 연고라

5 이기는 자는 이와 같이 흰 옷을 입을 것이요
내가 그 이름을 생명책에서 결코 지우지 아니하고
그 이름을 내 아버지 앞과 그의 천사들 앞에서 시인하리라

6 귀 있는 자는 성령이 교회들에게 하시는 말씀을 들을지어다

빌라델비아 교회에 보내는 말씀
7 빌라델비아 교회의 사자에게 편지하라
거룩하고 진실하사 다윗의 열쇠를 가지신 이
곧 열면 닫을 사람이 없고

닫으면 열 사람이 없는 그가 이르시되

8 볼지어다 내가 네 앞에 열린 문을 두었으되
능히 닫을 사람이 없으리라 내가 네 행위를 아노니

네가 작은 능력을 가지고서도 내 말을 지키며
내 이름을 배반하지 아니하였도다

9 보라 사탄의 회당 곧 자칭(自稱) 유대인이라 하나
그렇지 아니하고 거짓말 하는 자들 중에서

몇을 네게 주어 그들로 와서 네 발 앞에 절하게 하고
내가 너를 사랑하는 줄을 알게 하리라

10 네가 나의 인내의 말씀을 지켰은즉
내가 또한 너를 지켜 시험의 때를 면하게 하리니
이는 장차 온 세상에 임하여

땅에 거하는 자들을 시험할 때라

¹¹내가 속히 오리니 네가 가진 것을 굳게 잡아
아무도 네 면류관을 빼앗지 못하게 하라

¹²이기는 자는 내 하나님 성전에 기둥이 되게 하리니
그가 결코 다시 나가지 아니하리라

내가 하나님의 이름과 하나님의 성 곧 하늘에서
내 하나님께로부터 내려오는 새 예루살렘의 이름과
나의 새 이름을 그이 위에 기록하리라

¹³귀 있는 자는 성령이 교회들에게 하시는 말씀을 들을지어다

라오디게아 교회에 보내는 말씀
¹⁴라오디게아 교회의 사자에게 편지하라
아멘이시요 충성(忠誠)되고 참된 증인이시요

하나님의 창조의 근본이신 이가 이르시되

15 내가 네 행위(行爲)를 아노니
네가 차지도 아니하고 뜨겁지도 아니하도다
네가 차든지 뜨겁든지 하기를 원하노라

16 네가 이같이 미지근하여 뜨겁지도 아니하고 차지도 아니하니
내 입에서 너를 토하여 버리리라

17 네가 말하기를 나는 부자라 부요하여
부족한 것이 없다 하나

네 곤고한 것과 가련한 것과 가난한 것과
눈 먼 것과 벌거벗은 것을 알지 못하는도다

18 내가 너를 권하노니
내게서 불로 연단한 금을 사서 부요하게 하고

흰 옷을 사서 입어 벌거벗은 수치를 보이지 않게 하고
안약을 사서 눈에 발라 보게 하라

¹⁹무릇 내가 사랑하는 자를 책망하여 징계하노니
그러므로 네가 열심을 내라 회개하라

²⁰볼지어다 내가 문 밖에 서서 두드리노니
누구든지 내 음성을 듣고 문을 열면

내가 그에게로 들어가 그와 더불어 먹고
그는 나와 더불어 먹으리라

²¹이기는 그에게는 내가 내 보좌에 함께 앉게 하여 주기를
내가 이기고 아버지 보좌에 함께 앉은 것과 같이 하리라

²²귀 있는 자는 성령이 교회들에게 하시는 말씀을 들을지어다

하늘의 예배

4 ¹이 일 후에 내가 보니 하늘에 열린 문이 있는데
내가 들은 바 처음에 내게 말하던 나팔 소리 같은

그 음성이 이르되 이리로 올라오라
이 후에 마땅히 일어날 일들을 내가 네게 보이리라 하시더라

²내가 곧 성령에 감동되었더니 보라 하늘에 보좌를 베풀었고
그 보좌 위에 앉으신 이가 있는데

³앉으신 이의 모양이 벽옥과 홍보석 같고
또 무지개가 있어 보좌에 둘렸는데
그 모양이 녹보석 같더라

⁴또 보좌에 둘려 이십사 보좌들이 있고
그 보좌들 위에 이십사 장로들이 흰 옷을 입고
머리에 금관을 쓰고 앉았더라

5 보좌로부터 번개와 음성과 우렛소리가 나고
보좌 앞에 켠 등불 일곱이 있으니
이는 하나님의 일곱 영이라

6 보좌 앞에 수정과 같은 유리 바다가 있고
보좌 가운데와 보좌 주위에 네 생물이 있는데
앞뒤에 눈들이 가득하더라

7 그 첫째 생물은 사자 같고 그 둘째 생물은 송아지 같고
그 셋째 생물은 얼굴이 사람 같고
그 넷째 생물은 날아가는 독수리 같은데

8 네 생물은 각각 여섯 날개를 가졌고
그 안과 주위(周圍)에는 눈들이 가득하더라
그들이 밤낮 쉬지 않고 이르기를

거룩하다 거룩하다 거룩하다 주 하나님 곧 전능하신 이여
전에도 계셨고 이제도 계시고 장차 오실 이시라 하고

⁹그 생물들이 보좌에 앉으사 세세토록 살아 계시는 이에게
영광과 존귀와 감사를 돌릴 때에

¹⁰이십사 장로들이 보좌에 앉으신 이 앞에 엎드려
세세토록 살아 계시는 이에게 경배하고
자기의 관을 보좌 앞에 드리며 이르되

¹¹우리 주 하나님이여
영광(榮光)과 존귀와 권능을 받으시는 것이 합당하오니

주께서 만물을 지으신지라 만물(萬物)이 주의 뜻대로 있었고
또 지으심을 받았나이다 하더라

책과 어린 양

5 ¹내가 보매 보좌에 앉으신 이의 오른손에
두루마리가 있으니 안팎으로 썼고
일곱 인으로 봉하였더라

²또 보매 힘있는 천사가 큰 음성으로 외치기를
누가 그 두루마리를 펴며 그 인을 떼기에 합당하냐 하나

³하늘 위에나 땅 위에나 땅 아래에 능(能)히
그 두루마리를 펴거나 보거나 할 자가 없더라

⁴그 두루마리를 펴거나 보거나 하기에 합당한 자가
보이지 아니하기로 내가 크게 울었더니

⁵장로 중의 한 사람이 내게 말하되
울지 말라 유대 지파의 사자(獅子) 다윗의 뿌리가 이겼으니
그 두루마리와 그 일곱 인을 떼시리라 하더라

⁶내가 또 보니 보좌와 네 생물과 장로들 사이에
한 어린 양이 서 있는데 일찍이 죽임을 당한 것 같더라

그에게 일곱 뿔과 일곱 눈이 있으니
이 눈들은 온 땅에 보내심을 받은 하나님의 일곱 영이더라

⁷그 어린 양이 나아와서 보좌에 앉으신 이의 오른손에서
두루마리를 취하시니라

⁸그 두루마리를 취하시매
네 생물과 이십사 장로들이 그 어린 양 앞에 엎드려

각각 거문고와 향이 가득한 금 대접을 가졌으니
이 향은 성도의 기도들이라

⁹그들이 새 노래를 불러 이르되
두루마리를 가지시고 그 인봉을 떼기에 합당하시도다

일찍이 죽임을 당하사
각 족속과 방언과 백성과 나라 가운데에서
사람들을 피로 사서 하나님께 드리시고

10 그들로 우리 하나님 앞에서 나라와 제사장들을 삼으셨으니
그들이 땅에서 왕 노릇 하리로다 하더라

11 내가 또 보고 들으매 보좌와 생물들과 장로들을 둘러 선
많은 천사의 음성이 있으니 그 수가 만만이요 천천이라

12 큰 음성으로 이르되 죽임을 당하신 어린 양은
능력과 부와 지혜와 힘과 존귀와
영광과 찬송을 받으시기에 합당하도다 하더라

13 내가 또 들으니 하늘 위에와 땅 위에와 땅 아래와
바다 위에와 또 그 가운데 모든 피조물이 이르되

보좌에 앉으신 이와 어린 양에게
찬송과 존귀와 영광과 권능을 세세토록 돌릴지어다 하니

---

¹⁴네 생물이 이르되 아멘 하고 장로들은 엎드려 경배하더라

일곱 봉인에 담긴 심판

6 ¹내가 보매 어린 양이 일곱 인 중의 하나를 떼시는데
그 때에 내가 들으니 네 생물 중의 하나가
우렛소리 같이 말하되 오라 하기로

---

²이에 내가 보니 흰 말이 있는데 그 탄 자가 활을 가졌고
면류관을 받고 나아가서 이기고 또 이기려고 하더라

---

³둘째 인을 떼실 때에 내가 들으니
둘째 생물이 말하되 오라 하니

---

⁴이에 다른 붉은 말이 나오더라

그 탄 자가 허락을 받아 땅에서 화평(和平)을 제하여 버리며
서로 죽이게 하고 또 큰 칼을 받았더라

⁵셋째 인을 떼실 때에 내가 들으니
셋째 생물이 말하되 오라 하기로 내가 보니
검은 말이 나오는데 그 탄 자가 손에 저울을 가졌더라

⁶내가 네 생물 사이로부터 나는 듯한 음성을 들으니 이르되
한 데나리온에 밀 한 되요 한 데나리온에 보리 석 되로다
또 감람유와 포도주는 해치지 말라 하더라

⁷넷째 인을 떼실 때에 내가 넷째 생물의 음성을 들으니
말하되 오라 하기로

⁸내가 보매 청황색 말이 나오는데
그 탄 자의 이름은 사망이니 음부가 그 뒤를 따르더라

그들이 땅 사분의 일의 권세를 얻어
검과 흉년과 사망과 땅의 짐승들로써 죽이더라

9 다섯째 인을 떼실 때에 내가 보니
하나님의 말씀과 그들이 가진 증거로 말미암아
죽임을 당한 영혼들이 제단 아래에 있어

10 큰 소리로 불러 이르되 거룩하고 참되신 대주재여
땅에 거하는 자들을 심판하여

우리 피를 갚아 주지 아니하시기를
어느 때까지 하시려 하나이까 하니

11 각각 그들에게 흰 두루마기를 주시며 이르시되
아직 잠시 동안 쉬되 그들의 동무 종들과 형제들도
자기처럼 죽임을 당하여 그 수가 차기까지 하라 하시더라

¹²내가 보니 여섯째 인을 떼실 때에
큰 지진이 나며 해가 검은 털로 짠 상복 같이 검어지고
달은 온통 피 같이 되며

¹³하늘의 별들이 무화과나무가 대풍에 흔들려
설익은 열매가 떨어지는 것 같이 땅에 떨어지며

¹⁴하늘은 두루마리가 말리는 것 같이 떠나가고
각 산과 섬이 제 자리에서 옮겨지매

¹⁵땅의 임금들과 왕족들과 장군들과 부자들과 강한 자들과
모든 종과 자유인이 굴과 산들의 바위 틈에 숨어

¹⁶산들과 바위에게 말하되
우리 위에 떨어져 보좌에 앉으신 이의 얼굴에서와
그 어린 양의 진노에서 우리를 가리라

¹⁷그들의 진노의 큰 날이 이르렀으니
누가 능히 서리요 하더라

인치심을 받은 십사만 사천 명

7 ¹이 일 후에 내가 네 천사가
땅 네 모퉁이에 선 것을 보니

땅의 사방의 바람을 붙잡아 바람으로 하여금
땅에나 바다에나 각종 나무에 불지 못하게 하더라

²또 보매 다른 천사가 살아 계신 하나님의 인을 가지고
해 돋는 데로부터 올라와서 땅과 바다를 해롭게 할
권세를 받은 네 천사를 향하여 큰 소리로 외쳐

³이르되 우리가 우리 하나님의 종들의 이마에 인치기까지
땅이나 바다나 나무들을 해하지 말라 하더라

⁴내가 인침을 받은 자의 수를 들으니
이스라엘 자손의 각 지파 중에서 인침을 받은 자들이
십사만 사천이니

___

각 나라에서 온 무리

⁵유다 지파(支派) 중에 인침을 받은 자가 일만 이천이요
르우벤 지파 중에 일만 이천이요
갓 지파 중에 일만 이천이요

___

⁶아셀 지파 중에 일만 이천이요
납달리 지파 중에 일만 이천이요
므낫세 지파 중에 일만 이천이요

___

⁷시므온 지파 중에 일만 이천이요
레위 지파 중에 일만 이천이요

___

잇사갈 지파 중에 일만 이천이요

8 스불론 지파 중에 일만 이천이요
요셉 지파 중에 일만 이천이요
베냐민 지파 중에 인침을 받은 자가 일만 이천이라

9 이 일 후에 내가 보니 각 나라와 족속과 백성과 방언에서
아무도 능히 셀 수 없는 큰 무리가 나와 흰 옷을 입고
손에 종려 가지를 들고 보좌 앞과 어린 양 앞에 서서

10 큰 소리로 외쳐 이르되 구원하심이 보좌에 앉으신
우리 하나님과 어린 양에게 있도다 하니

11 모든 천사가 보좌와 장로들과 네 생물의 주위에 서 있다가
보좌 앞에 엎드려 얼굴을 대고 하나님께 경배(敬拜)하여

12 이르되 아멘 찬송과 영광과 지혜와 감사와 존귀와 권능과

힘이 우리 하나님께 세세토록 있을지어다 아멘 하더라

13 장로 중 하나가 응답하여 나에게 이르되
이 흰 옷 입은 자들이 누구며 또 어디서 왔느냐

14 내가 말하기를 내 주여 당신이 아시나이다 하니
그가 나에게 이르되 이는 큰 환난에서 나오는 자들인데
어린 양의 피에 그 옷을 씻어 희게 하였느니라

15 그러므로 그들이 하나님의 보좌 앞에 있고
또 그의 성전에서 밤낮 하나님을 섬기매
보좌에 앉으신 이가 그들 위에 장막을 치시리니

16 그들이 다시는 주리지도 아니하며 목마르지도 아니하고
해나 아무 뜨거운 기운에 상하지도 아니하리니

17 이는 보좌 가운데에 계신 어린 양이

그들의 목자가 되사 생명수 샘으로 인도하시고
하나님께서 그들의 눈에서 모든 눈물을 씻어 주실 것임이라

일곱째 봉인과 금 향로

8

[1]일곱째 인을 떼실 때에 하늘이 반 시간쯤 고요하더니

[2]내가 보매 하나님 앞에 일곱 천사(天使)가 서 있어
일곱 나팔을 받았더라

[3]또 다른 천사가 와서 제단 곁에 서서
금 향로를 가지고 많은 향을 받았으니

이는 모든 성도의 기도와 합하여
보좌 앞 금 제단에 드리고자 함이라

[4]향연이 성도의 기도와 함께 천사의 손으로부터
하나님 앞으로 올라가는지라

⁵천사가 향로를 가지고 제단의 불을 담아다가 땅에 쏟으매
우레와 음성과 번개와 지진이 나더라

나팔 소리

⁶일곱 나팔을 가진 일곱 천사가 나팔 불기를 준비하더라

⁷첫째 천사가 나팔을 부니
피 섞인 우박과 불이 나와서 땅에 쏟아지매

땅의 삼분의 일이 타 버리고 수목의 삼분의 일도 타 버리고
각종 푸른 풀도 타 버렸더라

⁸둘째 천사가 나팔을 부니
불 붙는 큰 산과 같은 것이 바다에 던져지매
바다의 삼분의 일이 피가 되고

⁹바다 가운데 생명 가진 피조물들의 삼분의 일이 죽고

배들의 삼분의 일이 깨지더라

¹⁰셋째 천사가 나팔을 부니
횃불 같이 타는 큰 별이 하늘에서 떨어져
강들의 삼분(三分)의 일과 여러 물샘에 떨어지니

¹¹이 별 이름은 쓴 쑥이라 물의 삼분의 일이 쓴 쑥이 되매
그 물이 쓴 물이 되므로 많은 사람이 죽더라

¹²넷째 천사가 나팔을 부니 해 삼분의 일과 달 삼분의 일과
별들의 삼분의 일이 타격을 받아 그 삼분의 일이 어두워지니
낮 삼분의 일은 비추임이 없고 밤도 그러하더라

¹³내가 또 보고 들으니
공중에 날아가는 독수리가 큰 소리로 이르되
땅에 사는 자들에게 화, 화, 화가 있으리니

이는 세 천사들이 불어야 할 나팔 소리가
남아 있음이로다 하더라

9 ¹다섯째 천사가 나팔을 불매 내가 보니
하늘에서 땅에 떨어진 별 하나가 있는데
그가 무저갱의 열쇠를 받았더라

²그가 무저갱을 여니
그 구멍에서 큰 화덕의 연기 같은 연기가 올라오매
해와 공기가 그 구멍의 연기(煙氣)로 말미암아 어두워지며

³또 황충이 연기 가운데로부터 땅 위에 나오매
그들이 땅에 있는 전갈의 권세와 같은 권세를 받았더라

⁴그들에게 이르시되 땅의 풀이나 푸른 것이나
각종 수목은 해하지 말고

오직 이마에 하나님의 인침을 받지 아니한
사람들만 해하라 하시더라

5 그러나 그들을 죽이지는 못하게 하시고
다섯 달 동안 괴롭게만 하게 하시는데 그 괴롭게 함은
전갈이 사람을 쏠 때에 괴롭게 함과 같더라

6 그 날에는 사람들이 죽기를 구하여도 죽지 못하고
죽고 싶으나 죽음이 그들을 피하리로다

7 황충들의 모양은 전쟁을 위하여 준비한 말들 같고
그 머리에 금 같은 관 비슷한 것을 썼으며
그 얼굴은 사람의 얼굴 같고

8 또 여자의 머리털 같은 머리털이 있고
그 이빨은 사자의 이빨 같으며

⁹또 철 호심경 같은 호심경이 있고
그 날개들의 소리는 병거와 많은 말들이
전쟁터로 달려 들어가는 소리 같으며

¹⁰또 전갈과 같은 꼬리와 쏘는 살이 있어
그 꼬리에는 다섯 달 동안 사람들을 해하는 권세가 있더라

¹¹그들에게 왕이 있으니 무저갱의 사자라
히브리어로는 그 이름이 아바돈이요
헬라어로는 그 이름이 아볼루온이더라

¹²첫째 화(禍)는 지나갔으나
보라 아직도 이 후에 화 둘이 이르리로다

¹³여섯째 천사가 나팔을 불매 내가 들으니
하나님 앞 금 제단 네 뿔에서 한 음성이 나서

14 나팔 가진 여섯째 천사에게 말하기를
큰 강 유브라데에 결박한 네 천사를 놓아 주라 하매

15 네 천사가 놓였으니 그들은 그 년 월 일 시에 이르러
사람 삼분의 일을 죽이기로 준비된 자들이더라

16 마병대의 수는 이만 만이니 내가 그들의 수를 들었노라

17 이같은 환상 가운데 그 말들과 그 위에 탄 자들을 보니
불빛과 자줏빛과 유황빛 호심경이 있고

또 말들의 머리는 사자 머리 같고
그 입에서는 불과 연기와 유황이 나오더라

18 이 세 재앙 곧 자기들의 입에서 나오는
불과 연기와 유황으로 말미암아
사람 삼분의 일이 죽임을 당하니라

¹⁹이 말들의 힘은 입과 꼬리에 있으니 꼬리는 뱀 같고
또 꼬리에 머리가 있어 이것으로 해하더라

²⁰이 재앙(災殃)에 죽지 않고 남은 사람들은
손으로 행한 일을 회개하지 아니하고

오히려 여러 귀신과 또는 보거나 듣거나 다니거나
하지 못하는 금, 은, 동과 목석의 우상에게 절하고

²¹또 그 살인과 복술과 음행과 도둑질을 회개하지 아니하더라

천사와 작은 책

10 ¹내가 또 보니 힘 센 다른 천사가 구름을 입고
하늘에서 내려오는데 그 머리 위에 무지개가 있고
그 얼굴은 해 같고 그 발은 불기둥 같으며

²그 손에는 펴 놓인 작은 두루마리를 들고

그 오른 발은 바다를 밟고 왼 발은 땅을 밟고

3 사자가 부르짖는 것 같이 큰 소리로 외치니
그가 외칠 때에 일곱 우레가 그 소리를 내어 말하더라

4 일곱 우레가 말을 할 때에 내가 기록하려고 하다가
곧 들으니 하늘에서 소리가 나서 말하기를
일곱 우레가 말한 것을 인봉하고 기록하지 말라 하더라

5 내가 본 바 바다와 땅을 밟고 서 있는 천사가
하늘을 향하여 오른손을 들고

6 세세토록 살아 계신 이
곧 하늘과 그 가운데에 있는 물건이며

땅과 그 가운데에 있는 물건이며
바다와 그 가운데에 있는 물건을 창조하신 이를 가리켜

맹세하여 이르되 지체하지 아니하리니

⁷일곱째 천사가 소리 내는 날 그의 나팔을 불려고 할 때에
하나님이 그의 종 선지자들에게 전하신 복음과 같이
하나님의 그 비밀이 이루어지리라 하더라

⁸하늘에서 나서 내게 들리던 음성이 또 내게 말하여 이르되
네가 가서 바다와 땅을 밟고 서 있는
천사의 손에 펴 놓인 두루마리를 가지라 하기로

⁹내가 천사에게 나아가 작은 두루마리를 달라 한즉
천사가 이르되 갖다 먹어 버리라
네 배에는 쓰나 네 입에는 꿀 같이 달리라 하거늘

¹⁰내가 천사의 손에서 작은 두루마리를 갖다 먹어 버리니
내 입에는 꿀 같이 다나 먹은 후에 내 배에서는 쓰게 되더라

11 그가 내게 말하기를 네가 많은 백성과 나라와 방언과
임금에게 다시 예언하여야 하리라 하더라

두 증인

11 1 또 내게 지팡이 같은 갈대를 주며 말하기를
일어나서 하나님의 성전과 제단과
그 안에서 경배하는 자들을 측량하되

2 성전 바깥 마당은 측량하지 말고 그냥 두라
이것은 이방인에게 주었은즉
그들이 거룩한 성을 마흔두 달 동안 짓밟으리라

3 내가 나의 두 증인에게 권세를 주리니
그들이 굵은 베옷을 입고 천이백육십 일을 예언하리라

4 그들은 이 땅의 주 앞에 서 있는 두 감람나무와 두 촛대니

⁵만일 누구든지 그들을 해하고자 하면
그들의 입에서 불이 나와서 그들의 원수를 삼켜 버릴 것이요

누구든지 그들을 해하고자 하면
반드시 그와 같이 죽임을 당하리라

⁶그들이 권능을 가지고 하늘을 닫아
그 예언을 하는 날 동안 비가 오지 못하게 하고

또 권능을 가지고 물을 피로 변하게 하고
아무 때든지 원하는 대로 여러 가지 재앙으로 땅을 치리로다

⁷그들이 그 증언을 마칠 때에
무저갱으로부터 올라오는 짐승이

그들과 더불어 전쟁을 일으켜
그들을 이기고 그들을 죽일 터인즉

⁸그들의 시체가 큰 성 길에 있으리니 그 성은
영적으로 하면 소돔이라고도 하고 애굽이라고도 하니
곧 그들의 주께서 십자가에 못 박히신 곳이라

---

⁹백성들과 족속과 방언과 나라 중에서
사람들이 그 시체를 사흘 반 동안을 보며
무덤에 장사하지 못하게 하리로다

---

¹⁰이 두 선지자가 땅에 사는 자들을 괴롭게 한 고로
땅에 사는 자들이 그들의 죽음을 즐거워하고 기뻐하여
서로 예물을 보내리라 하더라

---

¹¹삼 일 반 후에 하나님께로부터 생기가 그들 속에 들어가매
그들이 발로 일어서니 구경하는 자들이 크게 두려워하더라

---

¹²하늘로부터 큰 음성이 있어 이리로 올라오라 함을

그들이 듣고 구름을 타고 하늘로 올라가니
그들의 원수들도 구경하더라

¹³그 때에 큰 지진이 나서 성 십분의 일이 무너지고
지진에 죽은 사람이 칠천이라 그 남은 자들이 두려워하여
영광을 하늘의 하나님께 돌리더라

¹⁴둘째 화는 지나갔으나 보라 셋째 화가 속히 이르는도다

일곱째 나팔 소리

¹⁵일곱째 천사가 나팔을 불매 하늘에 큰 음성들이 나서 이르되
세상 나라가 우리 주와 그의 그리스도의 나라가 되어
그가 세세(世世)토록 왕 노릇 하시리로다 하니

¹⁶하나님 앞에서 자기 보좌에 앉아 있던 이십사 장로가
엎드려 얼굴을 땅에 대고 하나님께 경배하여

¹⁷이르되 감사하옵나니 옛적에도 계셨고
지금도 계신 주 하나님 곧 전능하신 이여
친히 큰 권능을 잡으시고 왕 노릇 하시도다

¹⁸이방들이 분노하매 주의 진노가 내려 죽은 자를 심판하시며
종 선지자들과 성도들과 또 작은 자든지 큰 자든지

주의 이름을 경외하는 자들에게 상(賞) 주시며
또 땅을 망하게 하는 자들을 멸망시키실 때로소이다 하더라

¹⁹이에 하늘에 있는 하나님의 성전이 열리니
성전 안에 하나님의 언약궤가 보이며
또 번개와 음성들과 우레와 지진과 큰 우박이 있더라

여자와 용

12 ¹하늘에 큰 이적이 보이니

해를 옷 입은 한 여자가 있는데
그 발 아래에는 달이 있고
그 머리에는 열두 별의 관을 썼더라

2이 여자가 아이를 배어 해산하게 되매
아파서 애를 쓰며 부르짖더라

3하늘에 또 다른 이적이 보이니
보라 한 큰 붉은 용이 있어 머리가 일곱이요 뿔이 열이라
그 여러 머리에 일곱 왕관이 있는데

4그 꼬리가 하늘의 별 삼분의 일을 끌어다가 땅에 던지더라
용이 해산하려는 여자 앞에서
그가 해산하면 그 아이를 삼키고자 하더니

5여자가 아들을 낳으니

이는 장차 철장으로 만국(萬國)을 다스릴 남자라
그 아이를 하나님 앞과 그 보좌 앞으로 올려가더라

⁶그 여자가 광야로 도망하매
거기서 천이백육십 일 동안 그를 양육(養育)하기 위하여
하나님께서 예비하신 곳이 있더라

⁷하늘에 전쟁이 있으니
미가엘과 그의 사자들이 용과 더불어 싸울새
용과 그의 사자들도 싸우나

⁸이기지 못하여 다시 하늘에서
그들이 있을 곳을 얻지 못한지라

⁹큰 용이 내쫓기니 옛 뱀 곧 마귀라고도 하고
사탄이라고도 하며 온 천하를 꾀는 자라

그가 땅으로 내쫓기니 그의 사자들도 그와 함께 내쫓기니라

[10]내가 또 들으니 하늘에 큰 음성이 있어 이르되
이제 우리 하나님의 구원(救援)과 능력과 나라와
또 그의 그리스도의 권세가 나타났으니

우리 형제들을 참소하던 자
곧 우리 하나님 앞에서 밤낮 참소하던 자가 쫓겨났고

[11]또 우리 형제들이 어린 양의 피와
자기들이 증언하는 말씀으로써 그를 이겼으니
그들은 죽기까지 자기들의 생명을 아끼지 아니하였도다

[12]그러므로 하늘과 그 가운데에 거하는 자들은 즐거워하라
그러나 땅과 바다는 화 있을진저
이는 마귀가 자기의 때가 얼마 남지 않은 줄을 알므로

크게 분내어 너희에게 내려갔음이라 하더라

13 용이 자기가 땅으로 내쫓긴 것을 보고
남자를 낳은 여자를 박해하는지라

14 그 여자가 큰 독수리의 두 날개를 받아
광야 자기 곳으로 날아가 거기서 그 뱀의 낯을 피하여
한 때와 두 때와 반 때를 양육 받으매

15 여자의 뒤에서 뱀이 그 입으로 물을 강 같이 토하여
여자를 물에 떠내려 가게 하려 하되

16 땅이 여자를 도와 그 입을 벌려
용의 입에서 토한 강물을 삼키니

17 용이 여자에게 분노하여 돌아가서 그 여자의 남은 자손
곧 하나님의 계명을 지키며 예수의 증거를 가진 자들과

더불어 싸우려고 바다 모래 위에 서 있더라

짐승 두 마리

13 ¹내가 보니 바다에서 한 짐승이 나오는데
뿔이 열이요 머리가 일곱이라

그 뿔에는 열 왕관이 있고
그 머리들에는 신성모독 하는 이름들이 있더라

²내가 본 짐승은 표범과 비슷하고
그 발은 곰의 발 같고 그 입은 사자의 입 같은데
용이 자기의 능력과 보좌와 큰 권세를 그에게 주었더라

³그의 머리 하나가 상하여 죽게 된 것 같더니
그 죽게 되었던 상처(傷處)가 나으매
온 땅이 놀랍게 여겨 짐승을 따르고

⁴용이 짐승에게 권세를 주므로
용에게 경배하며 짐승에게 경배하여 이르되

누가 이 짐승과 같으냐
누가 능히 이와 더불어 싸우리요 하더라

⁵또 짐승이 과장되고 신성모독을 말하는 입을 받고
또 마흔두 달 동안 일할 권세를 받으니라

⁶짐승이 입을 벌려 하나님을 향하여 비방하되
그의 이름과 그의 장막 곧 하늘에 사는 자들을 비방하더라

⁷또 권세를 받아 성도들과 싸워 이기게 되고
각 족속과 백성과 방언과 나라를 다스리는 권세를 받으니

⁸죽임을 당한 어린 양의 생명책(生命冊)에
창세 이후로 이름이 기록되지 못하고

이 땅에 사는 자들은 다 그 짐승에게 경배하리라

9 누구든지 귀가 있거든 들을지어다

10 사로잡힐 자는 사로잡혀 갈 것이요
칼에 죽을 자는 마땅히 칼에 죽을 것이니
성도들의 인내(忍耐)와 믿음이 여기 있느니라

11 내가 보매 또 다른 짐승이 땅에서 올라오니
어린 양 같이 두 뿔이 있고 용처럼 말을 하더라

12 그가 먼저 나온 짐승의 모든 권세를 그 앞에서 행하고
땅과 땅에 사는 자들을 처음 짐승에게 경배하게 하니
곧 죽게 되었던 상처가 나은 자니라

13 큰 이적을 행하되 심지어 사람들 앞에서
불이 하늘로부터 땅에 내려오게 하고

14 짐승 앞에서 받은 바 이적을 행함으로
땅에 거하는 자들을 미혹하며

땅에 거하는 자들에게 이르기를 칼에 상하였다가
살아난 짐승을 위하여 우상을 만들라 하더라

15 그가 권세를 받아 그 짐승의 우상에게 생기를 주어
그 짐승의 우상으로 말하게 하고

또 짐승의 우상에게 경배하지 아니하는 자는
몇이든지 다 죽이게 하더라

16 그가 모든 자 곧 작은 자나 큰 자나
부자나 가난한 자나 자유인이나 종들에게
그 오른손에나 이마에 표를 받게 하고

17 누구든지 이 표를 가진 자 외에는 매매를 못하게 하니

이 표는 곧 짐승의 이름이나 그 이름의 수라

¹⁸지혜가 여기 있으니 총명한 자는 그 짐승의 수를 세어 보라
그것은 사람의 수니 그의 수는 육백육십육이니라

십사만 사천 명이 부르는 노래

14 ¹또 내가 보니 보라 어린 양이 시온 산에 섰고
그와 함께 십사만 사천이 서 있는데

그들의 이마에는 어린 양의 이름과
그 아버지의 이름을 쓴 것이 있더라

²내가 하늘에서 나는 소리를 들으니
많은 물 소리와도 같고 큰 우렛소리와도 같은데

내가 들은 소리는
거문고 타는 자들이 그 거문고를 타는 것 같더라

³그들이 보좌 앞과 네 생물과 장로들 앞에서
새 노래를 부르니

땅에서 속량함을 받은 십사만 사천 밖에는
능히 이 노래를 배울 자가 없더라

⁴이 사람들은 여자와 더불어 더럽히지 아니하고 순결한 자라
어린 양이 어디로 인도하든지 따라가는 자며

사람 가운데에서 속량함을 받아 처음 익은 열매로
하나님과 어린 양에게 속한 자들이니

⁵그 입에 거짓말이 없고 흠이 없는 자들이더라

세 천사가 전하는 말

⁶또 보니 다른 천사가 공중에 날아가는데
땅에 거주하는 자들 곧 모든 민족과 종족과 방언과

백성에게 전할 영원한 복음을 가졌더라

7 그가 큰 음성으로 이르되
하나님을 두려워하며 그에게 영광을 돌리라

이는 그의 심판의 시간이 이르렀음이니
하늘과 땅과 바다와 물들의 근원(根源)을
만드신 이를 경배하라 하더라

8 또 다른 천사 곧 둘째가 그 뒤를 따라 말하되
무너졌도다 무너졌도다 큰 성 바벨론이여

모든 나라에게 그의 음행으로 말미암아
진노의 포도주를 먹이던 자로다 하더라

9 또 다른 천사 곧 셋째가 그 뒤를 따라 큰 음성으로 이르되
만일 누구든지 짐승과 그의 우상에게 경배하고

이마에나 손에 표를 받으면

10 그도 하나님의 진노의 포도주를 마시리니
그 진노의 잔에 섞인 것이 없이 부은 포도주라

거룩한 천사들 앞과 어린 양 앞에서
불과 유황으로 고난을 받으리니

11 그 고난의 연기가 세세토록 올라가리로다
짐승과 그의 우상에게 경배하고 그의 이름 표를 받는 자는
누구든지 밤낮 쉼을 얻지 못하리라 하더라

12 성도들의 인내가 여기 있나니
그들은 하나님의 계명과 예수에 대한 믿음을 지키는 자니라

13 또 내가 들으니 하늘에서 음성이 나서 이르되 기록하라
지금 이후로 주 안에서 죽는 자들은 복이 있도다 하시매

성령이 이르시되 그러하다 그들이 수고를 그치고 쉬리니
이는 그들의 행한 일이 따름이라 하시더라

마지막 수확

14 또 내가 보니 흰 구름이 있고
구름 위에 인자(人子)와 같은 이가 앉으셨는데

그 머리에는 금 면류관이 있고
그 손에는 예리한 낫을 가졌더라

15 또 다른 천사가 성전으로부터 나와
구름 위에 앉은 이를 향하여 큰 음성으로 외쳐 이르되

당신의 낫을 휘둘러 거두소서
땅의 곡식이 다 익어 거둘 때가 이르렀음이니이다 하니

16 구름 위에 앉으신 이가 낫을 땅에 휘두르매

땅의 곡식이 거두어지니라

마지막 재난을 가지고 온 천사

17또 다른 천사가 하늘에 있는 성전에서 나오는데
역시 예리한 낫을 가졌더라

18또 불을 다스리는 다른 천사가 제단으로부터 나와
예리한 낫 가진 자를 향하여 큰 음성으로 불러 이르되

네 예리한 낫을 휘둘러 땅의 포도송이를 거두라
그 포도가 익었느니라 하더라

19천사가 낫을 땅에 휘둘러 땅의 포도를 거두어
하나님의 진노의 큰 포도주 틀에 던지매

20성 밖에서 그 틀이 밟히니 틀에서 피가 나서
말 굴레에까지 닿았고 천육백 스다디온에 퍼졌더라

15 ¹또 하늘에 크고 이상한 다른 이적을 보매
일곱 천사가 일곱 재앙을 가졌으니

곧 마지막 재앙이라
하나님의 진노가 이것으로 마치리로다

²또 내가 보니 불이 섞인 유리 바다 같은 것이 있고
짐승과 그의 우상과 그의 이름의 수를 이기고 벗어난 자들이
유리 바다 가에 서서 하나님의 거문고를 가지고

³하나님의 종 모세의 노래, 어린 양의 노래를 불러 이르되
주 하나님 곧 전능하신 이시여

하시는 일이 크고 놀라우시도다
만국의 왕이시여 주의 길이 의롭고 참되시도다

⁴주여 누가 주의 이름을 두려워하지 아니하며

영화롭게 하지 아니하오리이까 오직 주만 거룩하시니이다
주의 의로우신 일이 나타났으매
만국이 와서 주께 경배하리이다 하더라

⁵또 이 일 후에 내가 보니 하늘에 증거 장막의 성전이 열리며

⁶일곱 재앙을 가진 일곱 천사가 성전으로부터 나와
맑고 빛난 세마포 옷을 입고 가슴에 금 띠를 띠고

⁷네 생물 중의 하나가 영원토록 살아 계신 하나님의
진노를 가득히 담은 금 대접 일곱을
그 일곱 천사들에게 주니

⁸하나님의 영광과 능력으로 말미암아 성전에 연기가 가득 차매
일곱 천사의 일곱 재앙이 마치기까지는
성전에 능히 들어갈 자가 없더라

진노의 일곱 대접

16 ¹또 내가 들으니 성전에서 큰 음성이 나서
일곱 천사에게 말하되

너희는 가서 하나님의 진노의 일곱 대접을
땅에 쏟으라 하더라

²첫째 천사가 가서 그 대접을 땅에 쏟으매
짐승의 표를 받은 사람들과 그 우상에게 경배하는 자들에게
악하고 독한 종기가 나더라

³둘째 천사가 그 대접을 바다에 쏟으매
바다가 곧 죽은 자의 피 같이 되니
바다 가운데 모든 생물이 죽더라

⁴셋째 천사가 그 대접을 강과 물 근원에 쏟으매 피가 되더라

5내가 들으니 물을 차지한 천사가 이르되
전에도 계셨고 지금도 계신 거룩하신 이여
이렇게 심판하시니 의로우시도다

6그들이 성도들과 선지자들의 피를 흘렸으므로
그들에게 피를 마시게 하신 것이 합당하니이다 하더라

7또 내가 들으니 제단이 말하기를
그러하다 주 하나님 곧 전능하신 이시여
심판하시는 것이 참되시고 의로우시도다 하더라

8넷째 천사가 그 대접을 해에 쏟으매
해가 권세를 받아 불로 사람들을 태우니

9사람들이 크게 태움에 태워진지라
이 재앙들을 행하는 권세를 가지신 하나님의 이름을 비방하며

또 회개하지 아니하고 주께 영광을 돌리지 아니하더라

¹⁰또 다섯째 천사가 그 대접을 짐승의 왕좌에 쏟으니
그 나라가 곧 어두워지며 사람들이 아파서 자기 혀를 깨물고

¹¹아픈 것과 종기로 말미암아 하늘의 하나님을 비방하고
그들의 행위를 회개하지 아니하더라

¹²또 여섯째 천사가 그 대접을 큰 강 유브라데에 쏟으매
강물이 말라서 동방에서 오는 왕들의 길이 예비되었더라

¹³또 내가 보매 개구리 같은 세 더러운 영이
용의 입과 짐승의 입과 거짓 선지자의 입에서 나오니

¹⁴그들은 귀신의 영이라 이적을 행하여
온 천하 왕들에게 가서 하나님 곧 전능하신 이의
큰 날에 있을 전쟁을 위하여 그들을 모으더라

¹⁵보라 내가 도둑 같이 오리니
누구든지 깨어 자기 옷을 지켜 벌거벗고 다니지 아니하며
자기의 부끄러움을 보이지 아니하는 자는 복이 있도다

¹⁶세 영이 히브리어로 아마겟돈이라 하는 곳으로
왕들을 모으더라

¹⁷일곱째 천사가 그 대접을 공중에 쏟으매
큰 음성이 성전에서 보좌로부터 나서 이르되 되었다 하시니

¹⁸번개와 음성들과 우렛소리가 있고
또 큰 지진이 있어 얼마나 큰지 사람이 땅에 있어
온 이래로 이같이 큰 지진이 없었더라

¹⁹큰 성이 세 갈래로 갈라지고 만국의 성들도 무너지니
큰 성 바벨론이 하나님 앞에 기억하신 바 되어

그의 맹렬한 진노의 포도주 잔을 받으매

20 각 섬도 없어지고 산악도 간 데 없더라

21 또 무게가 한 달란트나 되는 큰 우박이
하늘로부터 사람들에게 내리매

사람들이 그 우박의 재앙 때문에 하나님을 비방하니
그 재앙이 심히 큼이러라

큰 음녀에게 내릴 심판

17 1 또 일곱 대접을 가진 일곱 천사 중 하나가 와서
내게 말하여 이르되 이리로 오라 많은 물 위에 앉은
큰 음녀가 받을 심판을 네게 보이리라

2 땅의 임금들도 그와 더불어 음행하였고
땅에 사는 자들도 그 음행의 포도주에 취하였다 하고

³곧 성령으로 나를 데리고 광야로 가니라
내가 보니 여자가 붉은 빛 짐승을 탔는데

그 짐승의 몸에 하나님을 모독하는 이름들이 가득하고
일곱 머리와 열 뿔이 있으며

⁴그 여자는 자주 빛과 붉은 빛 옷을 입고
금과 보석과 진주로 꾸미고 손에 금 잔을 가졌는데
가증한 물건과 그의 음행의 더러운 것들이 가득하더라

⁵그의 이마에 이름이 기록되었으니 비밀이라, 큰 바벨론이라,
땅의 음녀들과 가증한 것들의 어미라 하였더라

⁶또 내가 보매 이 여자가 성도들의 피와
예수의 증인들의 피에 취(醉)한지라
내가 그 여자를 보고 놀랍게 여기고 크게 놀랍게 여기니

7 천사가 이르되 왜 놀랍게 여기느냐
내가 여자와 그가 탄 일곱 머리와
열 뿔 가진 짐승의 비밀(秘密)을 네게 이르리라

8 네가 본 짐승은 전에 있었다가 지금은 없으나
장차 무저갱으로부터 올라와 멸망으로 들어갈 자니

땅에 사는 자들로서 창세 이후로 그 이름이 생명책에
기록되지 못한 자들이 이전에 있었다가
지금은 없으나 장차 나올 짐승을 보고 놀랍게 여기리라

9 지혜 있는 뜻이 여기 있으니
그 일곱 머리는 여자가 앉은 일곱 산이요

10 또 일곱 왕이라 다섯은 망하였고
하나는 있고 다른 하나는 아직 이르지 아니하였으나

이르면 반드시 잠시 동안 머무르리라

¹¹전에 있었다가 지금 없어진 짐승은 여덟째 왕이니
일곱 중에 속한 자라 그가 멸망으로 들어가리라

¹²네가 보던 열 뿔은 열 왕이니 아직 나라를 얻지 못하였으나
다만 짐승과 더불어 임금처럼 한동안 권세를 받으리라

¹³그들이 한 뜻을 가지고
자기의 능력(能力)과 권세를 짐승에게 주더라

¹⁴그들이 어린 양과 더불어 싸우려니와
어린 양은 만주의 주시요 만왕의 왕이시므로

그들을 이기실 터이요 또 그와 함께 있는 자들
곧 부르심을 받고 택하심을 받은 진실한 자들도 이기리로다

¹⁵또 천사가 내게 말하되 네가 본 바 음녀가 앉아 있는 물은

백성과 무리와 열국과 방언들이니라

¹⁶네가 본 바 이 열 뿔과 짐승은
음녀를 미워하여 망하게 하고 벌거벗게 하고
그의 살을 먹고 불로 아주 사르리라

¹⁷이는 하나님이 자기 뜻대로 할 마음을 그들에게 주사
한 뜻을 이루게 하시고

그들의 나라를 그 짐승에게 주게 하시되
하나님의 말씀이 응하기까지 하심이라

¹⁸또 네가 본 그 여자는
땅의 왕들을 다스리는 큰 성(城)이라 하더라

바벨론의 패망

18 ¹이 일 후에 다른 천사가

하늘에서 내려 오는 것을 보니 큰 권세를 가졌는데
그의 영광으로 땅이 환하여지더라

2힘찬 음성으로 외쳐 이르되
무너졌도다 무너졌도다 큰 성 바벨론이여

귀신의 처소와 각종 더러운 영이 모이는 곳과
각종 더럽고 가증한 새들이 모이는 곳이 되었도다

3그 음행의 진노의 포도주로 말미암아 만국이 무너졌으며
또 땅의 왕들이 그와 더불어 음행하였으며
땅의 상인들도 그 사치의 세력으로 치부하였도다 하더라

4또 내가 들으니 하늘로부터 다른 음성이 나서 이르되
내 백성아, 거기서 나와 그의 죄에 참여하지 말고
그가 받을 재앙들을 받지 말라

5그의 죄는 하늘에 사무쳤으며
하나님은 그의 불의(不義)한 일을 기억하신지라

6그가 준 그대로 그에게 주고
그의 행위대로 갑절을 갚아 주고
그가 섞은 잔(盞)에도 갑절이나 섞어 그에게 주라

7그가 얼마나 자기를 영화롭게 하였으며
사치하였든지 그만큼 고통과 애통함으로 갚아 주라

그가 마음에 말하기를 나는 여왕으로 앉은 자요
과부가 아니라 결단코 애통함을 당하지 아니하리라 하니

8그러므로 하루 동안에 그 재앙들이 이르리니
곧 사망과 애통함과 흉년이라 그가 또한 불에 살라지리니
그를 심판하시는 주 하나님은 강하신 자이심이라

요한계시록
18:9-13

⁹그와 함께 음행하고 사치하던 땅의 왕들이
그가 불타는 연기를 보고 위하여 울고 가슴을 치며

¹⁰그의 고통을 무서워하여 멀리 서서 이르되
화 있도다 화 있도다 큰 성, 견고한 성 바벨론이여
한 시간에 네 심판이 이르렀다 하리로다

¹¹땅의 상인들이 그를 위하여 울고 애통하는 것은
다시 그들의 상품을 사는 자가 없음이라

¹²그 상품(商品)은 금과 은과 보석과 진주와 세마포와
자주 옷감과 비단과 붉은 옷감이요

각종 향목과 각종 상아 그릇이요
값진 나무와 구리와 철과 대리석으로 만든 각종 그릇이요

¹³계피와 향료와 향과 향유와 유향과 포도주와

감람유와 고운 밀가루와 밀이요
소와 양과 말과 수레와 종들과 사람의 영혼들이라

¹⁴바벨론아 네 영혼이 탐하던 과일이 네게서 떠났으며
맛있는 것들과 빛난 것들이 다 없어졌으니
사람들이 결코 이것들을 다시 보지 못하리로다

¹⁵바벨론으로 말미암아 치부한 이 상품의 상인들이
그의 고통을 무서워하여 멀리 서서 울고 애통하여

¹⁶이르되 화 있도다 화 있도다 큰 성이여
세마포(細麻布) 옷과 자주 옷과 붉은 옷을 입고
금과 보석과 진주로 꾸민 것인데

¹⁷그러한 부가 한 시간에 망하였도다
모든 선장과 각처를 다니는 선객들과 선원들과

바다에서 일하는 자들이 멀리 서서

¹⁸그가 불타는 연기(煙氣)를 보고 외쳐 이르되
이 큰 성과 같은 성이 어디 있느냐 하며

¹⁹티끌을 자기 머리에 뿌리고 울며 애통하여 외쳐 이르되
화 있도다 화 있도다 이 큰 성이여

바다에서 배 부리는 모든 자들이
너의 보배로운 상품으로 치부하였더니 한 시간에 망하였도다

²⁰하늘과 성도들과 사도들과 선지자들아,
그로 말미암아 즐거워하라 하나님이 너희를 위하여
그에게 심판을 행하셨음이라 하더라

²¹이에 한 힘 센 천사가 큰 맷돌 같은 돌을 들어
바다에 던져 이르되

큰 성 바벨론이 이같이 비참하게 던져져
결코 다시 보이지 아니하리로다

22또 거문고 타는 자와 풍류하는 자와
퉁소 부는 자와 나팔 부는 자들의 소리가
결코 다시 네 안에서 들리지 아니하고

어떠한 세공업자든지 결코 다시 네 안에서 보이지 아니하고
또 맷돌 소리가 결코 다시 네 안에서 들리지 아니하고

23등불 빛이 결코 다시 네 안에서 비치지 아니하고
신랑과 신부의 음성이 결코
다시 네 안에서 들리지 아니하리로다

너의 상인들은 땅의 왕족들이라
네 복술로 말미암아 만국이 미혹되었도다

²⁴선지자들과 성도들과 및 땅 위에서 죽임을 당한
모든 자의 피가 그 성 중에서 발견되었느니라 하더라

어린 양의 혼인 잔치

19 ¹이 일 후에 내가 들으니 하늘에 허다한 무리의
큰 음성 같은 것이 있어 이르되 할렐루야
구원과 영광과 능력이 우리 하나님께 있도다

²그의 심판은 참되고 의로운지라
음행으로 땅을 더럽게 한 큰 음녀를 심판하사
자기 종들의 피를 그 음녀의 손에 갚으셨도다 하고

³두 번째로 할렐루야 하니 그 연기가 세세토록 올라가더라

⁴또 이십사 장로와 네 생물이 엎드려 보좌에 앉으신 하나님께
경배하여 이르되 아멘 할렐루야 하니

⁵보좌에서 음성이 나서 이르시되
하나님의 종들 곧 그를 경외하는 너희들아
작은 자나 큰 자나 다 우리 하나님께 찬송하라 하더라

⁶또 내가 들으니 허다한 무리의 음성과도 같고
많은 물 소리와도 같고 큰 우렛소리와도 같은 소리로 이르되
할렐루야 주 우리 하나님 곧 전능하신 이가 통치하시도다

⁷우리가 즐거워하고 크게 기뻐하며 그에게 영광을 돌리세
어린 양의 혼인 기약(婚姻 期約)이 이르렀고
그의 아내가 자신을 준비하였으므로

⁸그에게 빛나고 깨끗한 세마포 옷을 입도록 허락하셨으니
이 세마포 옷은 성도들의 옳은 행실(行實)이로다 하더라

⁹천사가 내게 말하기를 기록하라

어린 양의 혼인 잔치에 청함을 받은 자들은
복이 있도다 하고 또 내게 말하되
이것은 하나님의 참되신 말씀이라 하기로

¹⁰내가 그 발 앞에 엎드려 경배하려 하니
그가 나에게 말하기를 나는 너와 및 예수의 증언을 받은
네 형제들과 같이 된 종이니

삼가 그리하지 말고 오직 하나님께 경배하라
예수의 증언은 예언의 영이라 하더라

백마를 탄 자

¹¹또 내가 하늘이 열린 것을 보니 보라
백마와 그것을 탄 자가 있으니 그 이름은 충신과 진실이라
그가 공의(公義)로 심판하며 싸우더라

12 그 눈은 불꽃 같고 그 머리에는 많은 관들이 있고
또 이름 쓴 것 하나가 있으니 자기밖에 아는 자가 없고

13 또 그가 피 뿌린 옷을 입었는데
그 이름은 하나님의 말씀이라 칭(稱)하더라

14 하늘에 있는 군대들이 희고 깨끗한 세마포 옷을 입고
백마를 타고 그를 따르더라

15 그의 입에서 예리한 검이 나오니
그것으로 만국을 치겠고 친히 그들을 철장으로 다스리며

또 친히 하나님 곧 전능하신 이의 맹렬한
진노의 포도주 틀을 밟겠고

16 그 옷과 그 다리에 이름을 쓴 것이 있으니
만왕의 왕이요 만주의 주라 하였더라

17또 내가 보니 한 천사가 태양 안에 서서
공중에 나는 모든 새를 향하여 큰 음성으로 외쳐 이르되
와서 하나님의 큰 잔치에 모여

18왕들의 살과 장군들의 살과 장사들의 살과
말들과 그것을 탄 자들의 살과 자유인들이나 종들이나
작은 자나 큰 자나 모든 자의 살을 먹으라 하더라

19또 내가 보매 그 짐승과 땅의 임금들과
그들의 군대들이 모여 그 말 탄 자와
그의 군대와 더불어 전쟁(戰爭)을 일으키다가

20짐승이 잡히고 그 앞에서 표적을 행하던
거짓 선지자도 함께 잡혔으니 이는 짐승의 표를 받고
그의 우상에게 경배하던 자들을 표적으로 미혹하던 자라

이 둘이 산 채로 유황불 붙는 못에 던져지고

²¹ 그 나머지는 말 탄 자의 입으로부터 나오는 검에 죽으매
모든 새가 그들의 살로 배불리더라

천 년 왕국

20 ¹ 또 내가 보매 천사가 무저갱의 열쇠와 큰 쇠사슬을
그의 손에 가지고 하늘로부터 내려와서

² 용을 잡으니 곧 옛 뱀이요 마귀요 사탄이라
잡아서 천 년 동안 결박(結縛)하여

³ 무저갱에 던져 넣어 잡그고 그 위에 인봉하여
천 년이 차도록 다시는 만국을 미혹하지 못하게 하였는데
그 후에는 반드시 잠깐 놓이리라

⁴ 또 내가 보좌들을 보니 거기에 앉은 자들이 있어

심판하는 권세를 받았더라 또 내가 보니 예수를 증언함과
하나님의 말씀 때문에 목 베임을 당한 자들의 영혼들과
또 짐승과 그의 우상에게 경배하지 아니하고

그들의 이마와 손에 그의 표를 받지 아니한 자들이 살아서
그리스도와 더불어 천 년 동안 왕 노릇 하니

5(그 나머지 죽은 자들은 그 천 년이 차기까지
살지 못하더라) 이는 첫째 부활이라

6이 첫째 부활에 참여하는 자들은 복이 있고 거룩하도다
둘째 사망이 그들을 다스리는 권세가 없고

도리어 그들이 하나님과 그리스도의 제사장이 되어
천 년 동안 그리스도와 더불어 왕 노릇 하리라

사탄의 패망

⁷천 년이 차매 사탄이 그 옥에서 놓여

⁸나와서 땅의 사방 백성 곧 곡과 마곡을 미혹하고
모아 싸움을 붙이리니 그 수가 바다의 모래 같으리라

⁹그들이 지면에 널리 퍼져 성도들의 진과 사랑하시는 성을
두르매 하늘에서 불이 내려와 그들을 태워버리고

¹⁰또 그들을 미혹하는 마귀가 불과 유황 못에 던져지니
거기는 그 짐승과 거짓 선지자도 있어
세세토록 밤낮 괴로움을 받으리라

크고 흰 보좌에서 심판을 내리시다

¹¹또 내가 크고 흰 보좌와 그 위에 앉으신 이를 보니
땅과 하늘이 그 앞에서 피하여 간 데 없더라

¹²또 내가 보니 죽은 자들이 큰 자나 작은 자나

그 보좌 앞에 서 있는데 책들이 펴 있고
또 다른 책이 펴졌으니 곧 생명책이라

죽은 자들이 자기 행위를 따라
책들에 기록된 대로 심판을 받으니

13 바다가 그 가운데에서 죽은 자들을 내주고
또 사망과 음부도 그 가운데에서 죽은 자들을 내주매
각 사람이 자기의 행위대로 심판을 받고

14 사망과 음부도 불못에 던져지니
이것은 둘째 사망(死亡) 곧 불못이라

15 누구든지 생명책에 기록되지 못한 자는 불못에 던져지더라

새 하늘과 새 땅

21

1 또 내가 새 하늘과 새 땅을 보니

처음 하늘과 처음 땅이 없어졌고 바다도 다시 있지 않더라

2또 내가 보매 거룩한 성 새 예루살렘이
하나님께로부터 하늘에서 내려오니 그 준비한 것이
신부가 남편을 위하여 단장한 것 같더라

3내가 들으니 보좌에서 큰 음성이 나서 이르되
보라 하나님의 장막이 사람들과 함께 있으매

하나님이 그들과 함께 계시리니 그들은 하나님의 백성이 되고
하나님은 친히 그들과 함께 계셔서

4모든 눈물을 그 눈에서 닦아 주시니 다시는 사망이 없고
애통하는 것이나 곡하는 것이나 아픈 것이
다시 있지 아니하리니 처음 것들이 다 지나갔음이러라

5보좌에 앉으신 이가 이르시되 보라

내가 만물을 새롭게 하노라 하시고 또 이르시되
이 말은 신실(信實)하고 참되니 기록하라 하시고

⁶또 내게 말씀하시되 이루었도다
나는 알파와 오메가요 처음과 마지막이라
내가 생명수(生命水) 샘물을 목마른 자에게 값없이 주리니

⁷이기는 자는 이것들을 상속으로 받으리라
나는 그의 하나님이 되고 그는 내 아들이 되리라

⁸그러나 두려워하는 자들과 믿지 아니하는 자들과
흉악한 자들과 살인자들과 음행하는 자들과

점술가들과 우상 숭배자들과 거짓말하는 모든 자들은
불과 유황으로 타는 못에 던져지리니 이것이 둘째 사망이라

새 예루살렘

⁹일곱 대접을 가지고 마지막 일곱 재앙을 담은 일곱 천사 중
하나가 나아와서 내게 말하여 이르되 이리 오라
내가 신부 곧 어린 양의 아내를 네게 보이리라 하고

¹⁰성령으로 나를 데리고 크고 높은 산으로 올라가
하나님께로부터 하늘에서 내려오는
거룩한 성 예루살렘을 보이니

¹¹하나님의 영광이 있어 그 성의 빛이 지극히 귀한 보석 같고
벽옥과 수정 같이 맑더라

¹²크고 높은 성곽이 있고 열두 문이 있는데
문에 열두 천사가 있고 그 문들 위에 이름을 썼으니
이스라엘 자손 열두 지파의 이름들이라

¹³동(東)쪽에 세 문, 북(北)쪽에 세 문,

남(南)쪽에 세 문, 서(西)쪽에 세 문이니

14 그 성의 성곽에는 열두 기초석이 있고
그 위에는 어린 양의 열두 사도의 열두 이름이 있더라

15 내게 말하는 자가 그 성과 그 문들과 성곽을 측량하려고
금 갈대 자를 가졌더라

16 그 성은 네모가 반듯하여 길이와 너비가 같은지라
그 갈대 자로 그 성을 측량하니 만 이천 스다디온이요
길이와 너비와 높이가 같더라

17 그 성곽을 측량하매 백사십사 규빗이니
사람의 측량 곧 천사(天使)의 측량이라

18 그 성곽은 벽옥으로 쌓였고
그 성은 정금인데 맑은 유리 같더라

¹⁹그 성의 성곽의 기초석은 각색 보석으로 꾸몄는데
첫째 기초석은 벽옥이요 둘째는 남보석이요
셋째는 옥수요 넷째는 녹보석이요

²⁰다섯째는 홍마노요 여섯째는 홍보석이요 일곱째는 황옥이요
여덟째는 녹옥이요 아홉째는 담황옥이요 열째는 비취옥이요
열한째는 청옥이요 열두째는 자수정이라

²¹그 열두 문은 열두 진주니 각 문마다 한 개의 진주로
되어 있고 성의 길은 맑은 유리 같은 정금이더라

²²성 안에서 내가 성전을 보지 못하였으니 이는 주 하나님
곧 전능하신 이와 및 어린 양이 그 성전이심이라

²³그 성은 해나 달의 비침이 쓸 데 없으니
이는 하나님의 영광이 비치고 어린 양이 그 등불이 되심이라

²⁴만국이 그 빛 가운데로 다니고
땅의 왕들이 자기 영광을 가지고 그리로 들어가리라

²⁵낮에 성문(城門)들을 도무지 닫지 아니하리니
거기에는 밤이 없음이라

²⁶사람들이 만국의 영광과 존귀를 가지고 그리로 들어가겠고

²⁷무엇이든지 속된 것이나 가증한 일 또는
거짓말하는 자는 결코 그리로 들어가지 못하되
오직 어린 양의 생명책에 기록된 자들만 들어가리라

22 ¹또 그가 수정 같이 맑은 생명수의 강을 내게 보이니
하나님과 및 어린 양의 보좌로부터 나와서

²길 가운데로 흐르더라 강 좌우에 생명나무가 있어
열두 가지 열매를 맺되 달마다 그 열매를 맺고

그 나무 잎사귀들은 만국을 치료하기 위하여 있더라

³다시 저주가 없으며 하나님과 그 어린 양의 보좌가
그 가운데에 있으리니 그의 종들이 그를 섬기며

⁴그의 얼굴을 볼 터이요 그의 이름도 그들의 이마에 있으리라

⁵다시 밤이 없겠고 등불과 햇빛이 쓸 데 없으니
이는 주 하나님이 그들에게 비치심이라
그들이 세세토록 왕 노릇 하리로다

주 예수여 오시옵소서
⁶또 그가 내게 말하기를 이 말은 신실하고 참된지라
주 곧 선지자들의 영의 하나님이

그의 종들에게 반드시 속히 되어질 일을 보이시려고
그의 천사를 보내셨도다

7 보라 내가 속히 오리니 이 두루마리의 예언의 말씀을
지키는 자는 복이 있으리라 하더라

8 이것들을 보고 들은 자는 나 요한이니 내가 듣고 볼 때에
이 일을 내게 보이던 천사의 발 앞에 경배하려고 엎드렸더니

9 그가 내게 말하기를 나는 너와 네 형제 선지자들과
또 이 두루마리의 말을 지키는 자들과 함께 된 종이니
그리하지 말고 하나님께 경배하라 하더라

10 또 내게 말하되 이 두루마리의 예언의 말씀을
인봉(印封)하지 말라 때가 가까우니라

11 불의를 행하는 자는 그대로 불의를 행하고
더러운 자는 그대로 더럽고 의로운 자는 그대로 의를 행하고
거룩한 자는 그대로 거룩하게 하라

¹²보라 내가 속히 오리니 내가 줄 상이 내게 있어
각 사람에게 그가 행한 대로 갚아 주리라

¹³나는 알파와 오메가요 처음과 마지막이요 시작과 마침이라

¹⁴자기 두루마기를 빠는 자들은 복이 있으니
이는 그들이 생명나무에 나아가며
문들을 통하여 성에 들어갈 권세를 받으려 함이로다

¹⁵개들과 점술가들과 음행하는 자들과 살인자들과
우상 숭배자들과 및 거짓말을 좋아하며 지어내는 자는
다 성 밖에 있으리라

¹⁶나 예수는 교회들을 위하여 내 사자를 보내어
이것들을 너희에게 증언하게 하였노라 나는 다윗의 뿌리요
자손이니 곧 광명한 새벽 별이라 하시더라

17 성령과 신부가 말씀하시기를 오라 하시는도다
듣는 자도 오라 할 것이요 목마른 자도 올 것이요
또 원하는 자는 값없이 생명수를 받으라 하시더라

18 내가 이 두루마리의 예언의 말씀을 듣는 모든 사람에게
증언하노니 만일 누구든지 이것들 외에 더하면 하나님이
이 두루마리에 기록된 재앙들을 그에게 더하실 것이요

19 만일 누구든지 이 두루마리의 예언의 말씀에서
제하여 버리면 하나님이 이 두루마리에 기록된
생명나무와 및 거룩한 성에 참여함을 제하여 버리시리라

20 이것들을 증언하신 이가 이르시되 내가 진실로 속히 오리라
하시거늘 아멘 주 예수여 오시옵소서

21 주 예수의 은혜가 모든 자들에게 있을지어다 아멘

God bless you~

개역개정 · 신약성경쓰기

베드로전서

베드로후서 | 요한1서 | 요한2서
요한3서 | 유다서 | 요한계시록

초판 1쇄 발행 | 2016년 8월 31일

엮은이 | 김영기
디자인 | 신경애
펴낸곳 | 도서출판 레마북스
출판등록 | 2015년 4월 28일(제568-2015-000002호)
주소 | 충남 당진시 송산면 유곡로 20
전화 | 010.5456.9277
전자우편 | starlove73@naver.com
총판 | 하늘유통(031.947.7777)

값 12,000원
ISBN 979-11-87588-00-9 03230

이 도서의 국립중앙도서관 출판예정도서목록(CIP)은 서지정보유통지원시스템 홈페이지(http://seoji.nl.go.kr)와 국가
자료공동목록시스템(http://www.nl.go.kr/kolisnet)에서 이용하실 수 있습니다.(CIP제어번호: CIP2016019572)